INHALT HEFT 4/2007, Nr. 46

DIE REPORTAGE

2 Regen, Dürre, Hungersnöte
Das Klima Palästinas in biblischer Zeit
Wolfgang Zwickel

THEMA: Weihnachten

10 Unsere Sonne ist nicht eure Sonne
Die Entstehung des Weihnachtsfestes in der Spätantike *Martin Wallraff*

15 Internetseiten zum Thema *Thomas Hieke*

18 „Mit der Geburt Jesu Christi war es so …"
Den Kindheitsgeschichten auf der Spur *Markus Lau*

22 Der Retter ist geboren
Das nichtchristliche Evangelium aus Priene
Claudio Ettl

24 Die Karriere der Weisen
Von den Magiern zu den Heiligen Drei Königen
Tobias Nicklas

28 Ein Stern geht auf – über Betlehem?
Num 24,17 und der Stern in Mt 2,1-12 *Tobias Nicklas*

32 „Wie es geschrieben steht"
Weihnachtliche Motive aus dem Alten Testament
Thomas Hieke

37 „Tau aus Himmelshöhn"
Das Alte Testament in Weihnachtsbildern
Christoph Dohmen

42 Alle Jahre wieder
Brauchtum und Symbole

44 Das Wesentliche im Unscheinbaren
Der heilige Josef in spätmittelalterlichen
Weihnachtsbildern *Ines Baumgarth*

50 Ein Geheimnis findet zu seinem Fest
Einblicke in die frühe Weihnachtsliturgie
Stephan Wahle

56 Die Autor/innen dieser Ausgabe und Impressum

AUS DER WELT DER BIBEL

57 Archäologische Meldungen
(Tiberias, Geser, Qumran, Jerusalem)

64 Biblischer Alltag
Musikinstrumente: Horn, Trompete und Pfeifen

68 Büchertipps

70 Ausstellungen und Veranstaltungen

Weihnachten

EDITORIAL

Liebe Leserinnen und Leser,

bald beginnt sie wieder, die Zeit der Glöckchen und Räuchermännchen, der Tannenbäume und Posaunenchöre auf abendlich erleuchteten Weihnachtsmärkten. Das christliche Fest bringt gefühlsintensive Tage mit sich.

Weihnachten hat die **abendländische Kultur** massiv geprägt. Besonders in Deutschland gehört dieses Fest zum unverzichtbaren Grundbestand des Volksgefühls. Es ist merkwürdig: In einer Gesellschaft, die mittlerweile überwiegend ohne Gott zu funktionieren scheint, beherrschen etwa sechs Wochen lang **christliche Symbole und Gedanken** fast alles. Wir gehen in der neuen Ausgabe von „Welt und Umwelt der Bibel" der Frage nach den Wurzeln dieses Festes nach. Was ereignete sich damals in Palästina und was wollten die „Berichte" über die Geburt Jesu in Betlehem aussagen?

Die Spur führt zunächst in das **Alte Testament**. Die meisten Symbole der Weihnachtszeit entstammen überraschenderweise diesem Teil der Bibel. Ob Ochs und Esel, der Stern oder der Ortsname Betlehem – jedes dieser Elemente repräsentiert Erfahrungen und Hoffnungen des Volkes Israel. **Christen haben sich solcher Symbole bedient,** um Jesus als den zu beschreiben, der all die Erwartungen Israels endgültig erfüllt.

Doch auch die polytheistische Umwelt der frühen Christenheit hat in der Ausgestaltung des Weihnachtsfestes Spuren hinterlassen. Das christliche Fest fand seine Form an der Seite und in Abgrenzung zum **römischen Kaiserkult** und der damit verbundenen **Verehrung des Sonnengottes** *sol invictus*. Seit dem vierten Jahrhundert entwickelte sich aus solch unterschiedlichen Anfängen eine vielgestaltige Weihnachtstradition. Heute ist das Weihnachtsfest neben dem Symbol des Kreuzes zum Markenzeichen des Christentums avanciert. Schon aus diesem Grunde lohnt es sich, seine Inhalte genauer zu betrachten. Dazu bietet sich nicht zuletzt die **Fülle an künstlerischen Gestaltungen** des Themas an. Einige davon stellen wir Ihnen in diesem Heft vor.

Wir wünschen Ihnen viel Freude beim Lesen und Entdecken!

Wolfgang Baur und Helga Kaiser
Redaktion *Welt und Umwelt der Bibel*

DIE REPORTAGE

Regen, Dürre, Hungersnöte
Die Erforschung des Klimas in Palästina in den letzten 10.000 Jahren

Klimaschwankungen beeinflussten auch die Siedlungsgeschichte im Land der Bibel und ermöglichten kulturelle Blütezeiten. Das Klima zur Zeit Jesu war beispielsweise weitaus feuchter als heute. Die Biblische Archäologie beginnt nun, die Ergebnisse der Klimaforschung auszuwerten. *Von Wolfgang Zwickel*

Die Verschiebungen des Klimawandels lassen sich auch in Deutschland beobachten – im Jahr 2007 wurden Hitzerekorde in Serie gebrochen. Daneben gab es in den letzten Jahren immer wieder verheerende Überschwemmungen. Selbst für Menschen kaum wahrnehmbare Temperaturverschiebungen können zu erheblichen Veränderungen in der Natur führen. Wie war das in früheren Zeiten? Herrschte zur Zeit von David oder Jesus in Israel in etwa dasselbe Klima wie heute? Was bedeutete das für die Lebensbedingungen? Ab wann greifen die Menschen in Israel in die Klimaentwicklung ein?

Das Paläoklima zu rekonstruieren ist ein Forschungsschwerpunkt zahlreicher naturwissenschaftlicher Disziplinen. Bislang haben die vielfältigen Ergebnisse aber noch kaum Widerhall in der Palästinaarchäologie gefunden. Dafür gibt es mehrere Gründe:

• Die letzten 10.000 Jahre – die Zeit des Holozäns – wurden größtenteils von der Forschung vernachlässigt. Die Forschungen fokussierten in der Regel auf viel frühere Zeiten der Klimaentwicklung.

• Schwerpunkt der Forschungen war bislang nicht der Nahe Osten. Zwar kann man von einem globalen Klima auf die Verhältnisse in der Levante zurückschließen, doch nur mit großen Unsicherheiten.

• Das Gebiet der Levante, also der Länder Syrien, Libanon, Israel, Palästina und Jordanien, eignet sich nur schlecht für paläoklimatologische Untersuchungen. Gletscher, denen man Bohrkerne entnehmen kann, gibt es hier nicht. Auch Holz ist nur schlecht erhalten, so dass man noch keine durchgehende dendrochronologische Übersicht für die letzten Jahrtausende hat.

• Während in den vorangehenden über 4 Milliarden Jahren der Erdgeschichte das Klima dem Wechselspiel der Naturkräfte überlassen war, spielt der Einfluss des Menschen in den letzten 10.000 Jahren eine größere Rolle, die nur schwer in Modellen nachzuzeichnen ist, da diese Eingriffe meist auf kleine Gebiete beschränkt sind. Das zentrale westjordanische Bergland scheint zumindest teilweise in der Zeit nach 1200 v. Chr. gerodet worden zu sein (Jos 17,15.18). Die im Alten Testament gerühmte Zeder des Libanon (Ez 27,5) ist heute fast ausgestorben und wird mühsam wieder nachgezüchtet. In der ersten Hälfte des 20. Jh. wurden für die 1300 km lange Hedschas-Bahn (von Damaskus nach Medina) große Mengen Bäume gefällt.

• Die interdisziplinäre Forschung zwischen Naturwissenschaftlern und Archäologen/Theologen ist noch immer nicht besonders ausgebildet. Die oft speziellen Ergebnisse der Naturwissenschaftler werden in Publikationen veröffentlicht, die von Palästinaarchäologen nicht gelesen werden, so dass sie die Ergebnisse kaum wahrnehmen. Notwendig wäre ein Kongress, auf dem Naturwissenschaftler und Archäologen ihre Ergebnisse austauschen könnten.

Die Methoden der Paläoklimaforschung

Wie gelangen die Paläoklimaforscher zu ihren Ergebnissen und Aussagen? Und was bedeutet das für die Biblische Archäologie?

1. Man untersucht Bäume: Mit Hilfe der Abstände der einzelnen Wachstumsringe von Bäumen kann man nicht nur das Alter eines Baumes genau feststellen (Dendrochronologie), sondern auch Aussagen über die klimatischen Bedingungen einer bestimmten Zeit machen. Dies setzt aber voraus, dass man eine möglichst durchgehende und lückenlose Folge von einzelnen Baumpro-

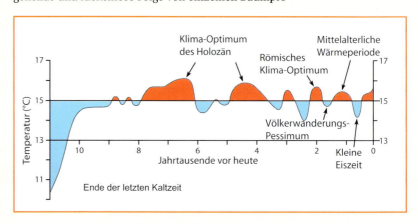

**Mitteltemperaturen der letzten 11.000 Jahre in Bodennähe auf der nördlichen Erdhalbkugel.
Seit etwa 8000 v. Chr. wurde es wärmer – Menschen konnten außerhalb von Höhlen leben und Landwirtschaft und Viehzucht entwickeln.** Aus: Online KIHZ, www.gfz-potsdam.de

Blick durch einen Zedernwald im Libanon. Im Altertum wurden Zedern von hier bis nach Mesopotamien exportiert. Der *Cedrus libani* ist heute vom Aussterben bedroht und wird in Parks und botanischen Gärten mühsam nachgezüchtet. Das Bergland westlich des Jordans ist vermutlich um 1200 v. Chr. teilweise gerodet worden.
© DK Images

ben hat, um die Zeiten auch genau datieren zu können. Diese ist bisher in Palästina nicht vorhanden.

2. Man entnimmt Eisproben: Bohrkerne in Gletschern, insbesondere in der Arktis, geben uns sehr genaue Informationen über das Klima in dieser Region. Mit Einschränkungen können diese Ergebnisse auch auf andere Gebiete wie Palästina übertragen werden, doch müssen immer wieder lokale Besonderheiten vorausgesetzt werden.

3. Man analysiert Tropfsteine: Untersuchungen der Zusammensetzung von Tropfsteinen können Rückschlüsse auf die klimatischen Bedingungen in der Vergangenheit erlauben. Diese Methode wurde in Israel vor allem im Nahal Soreq angewandt.

4. Man analysiert Pollen: Bohrkerne in den Sedimenten von Vulkanseen oder anderen Gewässern lassen Pollenanalysen zu. Anhand der Häufigkeit von Pollen in bestimmten Schichten lassen sich Rückschlüsse auf den Pflanzenbewuchs zu jener Zeit und damit auf die Aktivität von Menschen im Bereich der Landwirtschaft ziehen. Derartige Untersuchungen wurden bislang etwa im Toten Meer, im See Gennesaret, im Hulesee und in dem Vulkansee Birket er-Ram im Golan gemacht. Diese Untersuchungsmethode ist besonders aufschlussreich, weil sich hier auch lokale Sonderentwicklungen widerspiegeln.

5. Man vergleicht Wasserspiegel: Berechnungen des Wasserspiegels des Mittelmeeres oder aber des Toten Meeres und des See Gennesarets erlauben Rückschlüsse auf regenreiche bzw. -arme Epochen (s. dazu unten).

6. Man erforscht Pflanzen: Archäobotanische Untersuchungen können das Leben in einer bestimmten Epoche nachzeichnen und ermöglichen Rückschlüsse auf das Klima. Allerdings erfordert dies auch die Zusammenschau von Forschungsergebnissen mehrerer benachbarter Orte. Bislang steckt diese Forschungsrichtung trotz vielfältiger Ergebnisse für Palästina noch in den Kinderschuhen und bedarf einer umfassenden weiterführenden Analyse.

7. Man wertet Dokumente aus: Für die Epochen, für die wir über historische Aufzeichnungen verfügen, können schriftliche Überlieferungen wichtige Anhaltspunkte geben. Bemerkenswert ist, dass es bislang nahezu keine wissenschaftliche Untersuchung zu den einschlägigen biblischen Texten gibt (vgl. vorläufig die Angaben im Kasten S. 6).

Eine Schwierigkeit stellt die Frage dar, was je zu den Klimaschwankungen geführt hat. Schon für unsere Zeit ist es unter Wissenschaftlern sehr umstritten, welche Faktoren zur gegenwärtigen Klimaerwärmung in Nordeuropa führen. Ist es allein der Treibhauseffekt? Sind auch noch andere Einflüsse geltend zu machen? Um ein Vielfaches schwieriger ist die Analyse für die Vergangenheit. Einzelne regionale Ereignisse wie ein Vulkanausbruch können innerhalb weniger Jahre weltweite Folgen hervorgebracht haben. Andere Faktoren, die auf das Klima starke Auswirkungen haben, wie Sonnenflecken oder Änderungen der Sonneneinstrahlung, lassen sich gar nicht mehr oder allenfalls ansatzweise erschließen.

Das Weltklima in den letzten 10.000 Jahren

Die Paläoklimaforschung beschäftigt sich häufig mit sehr großen Zeitepochen. Untersucht man das Klima der letzten 100.000 Jahre, so ist eine „Unschärfe" von 1000 Jahren schlichtweg zu vernachlässigen. Die Phase der menschlichen Kultur muss dagegen wesentlich feiner differenziert werden. Es ist durchaus relevant, ob man Aussagen

Eine abrupte Klimaverschlechterung schafft die Voraussetzung für die Entstehung des Volkes Israel

Das Tote Meer in der Nähe der Lisanhalbinsel, die in das Gewässer hineinragt. Viele Bibelatlanten geben noch 392 m unter Meeresspiegel an, tatsächlich sind es mittlerweile minus 418 m. © Patrick Wissmann

über die Zeit Davids macht oder aber die Zeit Jesu, also 1000 Jahre später. Alle bislang vorgelegten Klimakurven beinhalten aber noch immer eine gewisse Ungenauigkeit, die es in den nächsten Jahren zu verringern gilt.

Als durchschnittliche Jahrestemperatur werden heute für die nördliche Erdhälfte 15° Celsius vorausgesetzt. Betrachtet man auf dem Schaubild 1 die letzten 10.000 Jahre (Holozän), dann lassen sich für die nördliche Hemisphäre erhebliche Temperaturschwankungen beobachten. Nach dem Ende der letzten Eiszeit stieg die Temperatur vor gut 10.000 Jahren merklich an, was den Menschen ein Leben außerhalb der Höhlen, die Entwicklung von Landwirtschaft und Viehzucht und schließlich auch das Zusammenleben in großen Orten und Städten ermöglichte. Wärmere und kältere Epochen wechselten sich ab. Die Schwankungen betrugen selten mehr als 1° C, hatten jedoch stets einen bedeutenden Einfluss auf die Lebensweise der Menschen.

Das Klima in Palästina in den letzten 10.000 Jahren

Die Untersuchung des Wasserstandes des Toten Meeres lässt in besonderer Weise Rückschlüsse auf die klimatischen Verhältnisse in der Vergangenheit zu. Derzeit ist er wegen der enorm hohen Wasserentnahme auf -418 m NN gesunken. Das südliche Becken des Toten Meeres ist wesentlich flacher als das nördliche. Bei -402/-403 m fällt der Bereich südlich der Lisanhalbinsel trocken, so wie es derzeit der Fall ist. In den meisten Bibelatlanten findet

Die Entwicklung des Wasserstandes des Toten Meeres innerhalb von 10.000 Jahren. Interessant zu sehen ist, dass die Meeresoberfläche um 1200 v. Chr. fast genauso tief lag wie heute.
© Axel Maurer; Universität Mainz, Seminar für Altes Testament und Biblische Archäologie

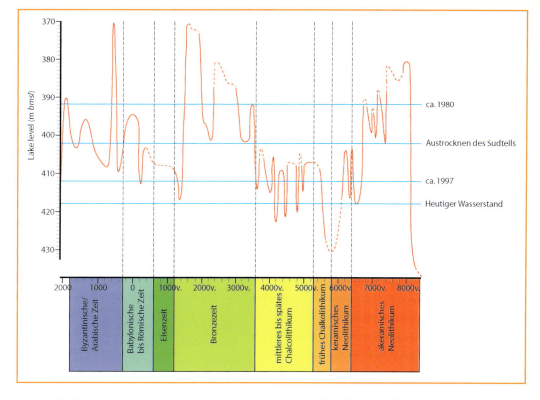

Das Tote Meer aus dem Weltall gesehen: Der südliche Teil ist verlandet. Quelle: GoogleEarth

sich noch die aus dem vorigen Jahrhundert stammende Angabe – 392 m – und natürlich für das gesamte Tote Meer mit seinem nördlichen und seinem südlichen Teil. Erst neuere Karten des Staates Israel zeigen an, dass der Südteil inzwischen verlandet ist. Dies macht deutlich, wie stark, verursacht durch menschliche Eingriffe, der Wasserspiegel in den letzten 20 Jahren gesunken ist. Das Tote Meer hat keinen Ausfluss. Die dem Toten Meer zufließenden Wassermengen des Jordan, des Arnon und einiger Wadis gleichen bei einem konstanten Wasserstand die Verdunstung des Oberflächenwassers aus.

Fallen weniger Niederschläge, so sinkt der Wasserspiegel. Treten feuchtere Epochen auf, steigt er entsprechend. Bei höheren Temperaturen ist zudem die Verdunstung höher. Der Wasserspiegel des Toten Meeres ist somit ein deutlicher Marker für die Niederschläge und das Klima in der Antike.

Mit Hilfe von Bohrkernen lässt sich zeigen, wann bestimmte Gebiete von Wasser bedeckt waren. Anhand von C14-Daten können dann Rückschlüsse auf absolute Zahlen gezogen werden. Solche Bohrkerne wurden bei En Feschcha im Norden des Sees, bei En Gedi in der Mitte und schließlich bei Ze'elim im Süden genommen. Auch wenn der Wasserstand nicht für alle Epochen gleichermaßen gesichert rekonstruiert werden kann (Verschiebungen um 100 oder 200 Jahre sind möglich), so erlauben die Daten einige höchst interessante Einblicke in die Entwicklung des Klimas und damit natürlich auch in die Lebensbedingungen der Menschen in biblischer Zeit. Das akeramische Neolithikum (ca. 8500-6400 v. Chr.) war eine relativ feuchte Zeit in Palästina. Dies hat sicherlich stark dazu beigetragen, dass man erste Formen von Ackerbau betreiben konnte (etwa in Jericho). Die Zeit von 6600-5400 v. Chr. – dem entspricht das keramische Neolithikum/Jarmukische Epoche und das frühe Chalkolithikum – war dagegen von extrem niedrigen Wasserständen geprägt. Insbesondere in der Zeit um 5800/5700 v. Chr., dem Beginn des frühen Chalkolithikums und dem Ende des keramischen Neolithikums (6400-5800 v. Chr.), sank der Wasserstand noch einmal dramatisch. Die klimatischen Veränderungen können den Wechsel der Kulturen verdeutlichen und den Niedergang der jarmukischen Kultur erklären.

Um 5200 v. Chr. wurde es zwar wieder etwas feuchter, bis etwa 3500 v. Chr. blieb das südliche Becken des Toten Meeres jedoch stets verlandet, und es gab mehrfach kurzfristige starke Schwankungen der Niederschläge. Damit ist relativ genau die Zeit des mittleren und späten Chalkolithikums abgedeckt (5300-3600 v. Chr.). Gerade in dieser Epoche entwickelten sich wieder zahlreiche neue Siedlungen im Land (wie etwa Telelat Ghassul, Tel Ali, En Gedi), die offenbar von den besseren klimatischen Bedingungen profitierten.

Um 3500 v. Chr. begann eine relativ feuchte Epoche, die bis etwa 1400 v. Chr. anhalten sollte. Diese Zeitspanne deckt sich ziemlich genau mit der Bronzezeit in Israel – einer Zeit besonderer städtischer Entwicklung und kultureller Blüte. Zwar gab es auch in dieser Epoche immer wieder kurzfristige Einbrüche (als Trockenzeiten) – etwa zwischen 3400 und 3000 (Frühbronzezeit I) –, aber im Wesentlichen entwickelte sich das Klima offensichtlich recht stabil und feucht.

HUNGERSNÖTE IN BIBLISCHER ZEIT

Historisch belegt sind folgende Hungersnöte, die durch Klimaschwankungen hervorgerufen wurden (daneben gibt es noch Hungersnöte durch Kriegseinwirkungen, Naturkatastrophen wie Heuschreckenplagen, Verelendung sozialer Schichten etc. sowie Hungersnöte durch kurzzeitige Schwankungen der Niederschlagsmenge):

1. Ausgehendes 14. Jh. v. Chr.
Diese Hungersnot ist belegt durch ein Bild ausgemergelter Schasu-Nomaden und eine Inschrift, die erwähnt, dass Fremdlinge nach Ägypten kamen, weil sie keine Nahrung mehr fanden; beides stammt aus dem Grab des Haremhab, das zur Zeit des Tutanchamun (1332-1323 v. Chr.) angelegt wurde.

2. Zeit des Pharao Merenptah (1213-1204 v. Chr.)
Zur Bewältigung dieser Hungersnot sandten die Ägypter Getreidelieferungen an die Hetiter. Auf der sogenannten Israelstele des Pharaos heißt es: *„Israel ist verwüstet; es hat kein Saatkorn"*. In diesem Zusammenhang ist auch die Ansiedlung palästinischer Nomaden in Ägypten zu sehen (Papyrus Anastasi VI,51-61). Vielleicht haben auch manche der biblischen Erzvätererzählungen, die von Wanderungen auf Grund von Hungersnöten berichten (Gen 12,10; 26,1; 41,27ff), hier ihren historischen Haftpunkt.

3. Zeit Davids (2 Sam 21,1)
Diese Hungersnot war auf drei Jahre beschränkt. Derartige zeitlich begrenzte Rückgänge der Niederschläge lassen sich in der Geschichte des Landes immer wieder nachweisen.

4. Zeit von Elia und Ahab (1 Kön 18,2; 2 Kön 4,38; 8,1)
Hungersnot im 2. Viertel des 9. Jh. v. Chr.

5. Schlechte Ernten im späten 6. Jh. v. Chr. (Hagg 1,6.10ff; 2,16; Sach 8,12)
Ob es sich dabei jedoch nur um kurzzeitige Ernterückgänge oder aber um eine tiefgreifende, durch Klimaveränderungen hervorgerufene Hungersnot handelt, bleibt unklar.

6. Zeit Nehemias (Mitte 5. Jh. v. Chr.)
Die Lebensbedingungen in dieser Zeit scheinen sich wegen der klimatischen Bedingungen so sehr verschlechtert zu haben, dass sich Nehemia um 445 v. Chr. zu einer umfassenden Bodenreform genötigt sah (Neh 5,4f). Auf diese Hungersnot könnte sich auch das Rutbüchlein beziehen (vgl. Rut 1,1).

7. Hungersnot um 160 v. Chr. (1 Makk 9,24; Flavius Josephus, Antiquitates, XIII, 2f)
Diese Hungersnot scheint keine nachhaltigen Folgen für die Bewohner des Landes gehabt zu haben und dürfte daher relativ kurz gewesen sein.

8. Hungersnot im Jahre 25 v. Chr. (Flavius Josephus, Antiquitates, XV, 299-316)
Obwohl diese Hungersnot für die Menschen sicherlich gravierend war und Herodes d. Gr. aus eigenen Mitteln Getreide aus Ägypten beschaffte, war wohl auch sie nur kurzzeitig. Da das Land nun dicht besiedelt war, führte selbst ein kurzfristiger Ernterückgang zu erheblichen Problemen in der Versorgung der Bevölkerung.

9. Hungersnot Mitte des 1. Jh. n. Chr. (Apg 11,28; Flavius Josephus, Antiquitates, XX, 51-53.101)
Obwohl Lukas davon spricht, dass die Hungersnot den ganzen Erdkreis erfasste, dürfte es sich wiederum nur um einen kurzfristigen Rückgang der Niederschläge gehandelt haben, der keine nachhaltigen Folgen hatte.

Vor allem die Hungersnöte in der Spätbronzezeit finden ihre beeindruckende Bestätigung in der Rekonstruktion des Wasserspiegels am Toten Meer. *(W. Zwickel)*

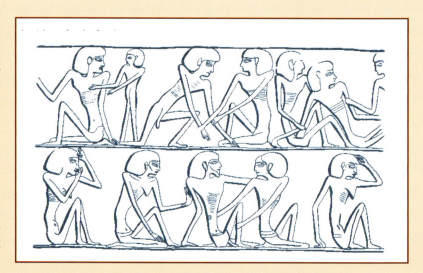

Vor Hunger ausgemergelte Nomaden. Kalksteinreliefs vom Aufgang zur Pyramide des Unas in Saqqara (Ägypten), etwa 2400 v. Chr.

Aus: Othmar Keel, Die Welt der altorientalischen Bildsymbolik, Vandenhoeck & Ruprecht, 5. Aufl. 1996, S. 66

Die Frühbronzezeit II und III (3000-2700 bzw. 2700-2200 v. Chr.) mit ihrer enormen städtischen Entwicklung lässt sich somit von den klimatischen Bedingungen her bestens erklären. Der Südteil des Toten Meeres war während dieser Epoche stets mit Wasser bedeckt. Teilweise wurde sogar ein Wasserstand von -380 m NN erreicht.

Einen sehr markanten Einbruch gab es um 2200 v. Chr., als der Wasserstand innerhalb kurzer Zeit rapide von ca. -380 m auf -400 m NN sank. Zwar war auch jetzt noch der Südteil des Toten Meeres leicht mit Wasser bedeckt, aber für die Menschen der damaligen Zeit scheint die einsetzende Trockenheit erhebliche Folgen gehabt zu haben. Die meisten Städte des Landes, die inzwischen ein relativ kompliziertes Gesellschaftssystem entwickelt hatten, wurden aufgegeben. Wegen der andauernden Trockenheit konnten die Menschen in den Städten schlichtweg nicht mehr überleben. Das Land war zu trocken, um die spezialisierten und auf Arbeitsteilung ausgerichteten Städte ausreichend mit Nahrung versorgen zu können. Diese Epoche einer relativen Trockenheit dauerte nicht allzu lange an. Um 2000 v. Chr. begann wieder eine offenbar extrem feuchte Periode, die rund 600 Jahre bis etwa 1400 v. Chr. anhielt. Nur gegen Ende der byzantinischen Zeit war der Wasserstand des Toten Meeres noch einmal vergleichbar hoch wie zu dieser Epoche. Er erreichte rund -370 m – und war damit rund 50 m höher als heute!

Um 1400 v. Chr. gab es einen extremen Rückgang des Wasserspiegels: von ca. -370 m innerhalb kurzer Zeit auf -415 m. Dies kann nur mit einer extremen Trockenheit in Palästina erklärt werden. Wir sind hier in der ausgehenden Spätbronzezeit und damit in einer Epoche, in der wiederum Stadtstaaten zusammenbrechen und nicht mehr weiterbestehen können. Offenbar war die Trockenheit so extrem, dass nahezu alle Siedlungen aufgegeben wurden, ganz ähnlich wie in der Frühbronzezeit IV/Mittelbronzezeit I. Nur waren die klimatischen Bedingungen nun noch extremer. Niemals in der bisher nachweisbaren Geschichte des Landes gab es offenbar eine derart abrupte Klimaverschlechterung. Das entstehende Vakuum in der Besiedlung des Landes war eine der Voraussetzungen für die Entstehung des Volkes Israel.

In der Epoche von 1300/1200 v. Chr. bis etwa zur Zeitenwende verbesserte sich das Klima anscheinend wieder allmählich. Die günstigen Bedingungen der Bronzezeit wurden zwar nicht mehr erreicht, aber es scheint eine anhaltende Verbesserung – abgesehen von einer kurzfristigen Verschlechterung um 300 v. Chr. – gegeben zu haben. In diese Zeit fällt die Epoche des Alten Testaments mit Staatenbildung, den Königreichen Israel und Juda, aber auch der persischen, hellenistischen und römischen Herrschaft im Lande. Zur Zeit Jesu war das Klima offenbar überaus feucht, verglichen mit den Bedingungen des vorangehenden Jahrtausends.

Um 400/500 n. Chr. gab es noch einmal eine kurze Trockenperiode, auf die eine kurzfristige Periode (ca. 500 n. Chr.) mit offensichtlich sehr starken Niederschlägen folgte. Nach dieser niederschlagsreichen Zeit sank der Wasserspiegel aber schnell wieder ab und erholte sich in den darauf folgenden fast anderthalb Jahrtausenden nur langsam. Die Rahmenbedingungen vor rund 100 Jahren dürften denjenigen zur Zeit Jesu weitgehend entsprochen haben, waren aber besser als in der Königszeit Israels und wesentlich schlechter als in der Bronzezeit. Erst der massive Eingriff der Menschen in den letzten 20-30 Jahren mit dem Abpumpen von reichlich Jordanwasser für die Versorgung der Stadt Tel Aviv und der Siedlungen im Negev führte wieder zu einem starken Rückgang des Wasserspiegels des Toten Meeres. So niedrig wie heute war der Wasserspiegel nur um 1400/1200 v. Chr. und zur Zeit des mittleren und späten Chalkolithikums. ◂

Wolfgang Zwickel ist Professor für Altes Testament und Biblische Archäologie an der Universität Mainz

Badegesellschaft am Zufluss des Arnon auf jordanischer Seite, um 1920. In regenreichen Zeiten füllte der Arnon das Tote Meer auf.
© Universität Mainz, Seminar für Altes Testament und Biblische Archäologie

Spaziergang auf einem Steg im Toten Meer zur Zeit des britischen Mandats, um 1920. Der Wasserspiegel war etwa so hoch wie zur Zeit Jesu.
© Universität Mainz, Seminar für Altes Testament und Biblische Archäologie

WEIHNACHTEN
Fest des Zeigens

Ein wesentlicher Unterschied zwischen Tieren und Menschen besteht darin, dass Menschen sich gegenseitig Dinge zeigen: Sie zeigen auf Wichtiges, Bedrohliches, Schönes, Überraschendes, Sensationelles. Schon Kleinkinder lieben es, anderen etwas zu zeigen. Das ist kein Zufall. Denn die Fähigkeit, anderen einen Fingerzeig zu geben, ist lebenswichtig und Voraussetzung für vieles, was wir im praktischen Leben oder auch in kultureller Hinsicht schaffen können. Ohne die Fähigkeit, anderen etwas zu zeigen oder auf Fingerzeige einzugehen, könnten wir einander nur sehr begrenzt an unserer Erfahrung teilhaben lassen.

Weihnachten ist ein Fest des Zeigens, das hinsichtlich des Gottes- und Menschenbildes im Vergleich zu anderen Religionen neue Akzente setzt. Zwar gab es Legenden von Göttern und auch Mythen über deren Zusammentreffen mit Menschen. Doch eine Verbindung aus göttlicher und menschlicher Welt durch die Geburt des (einzigen!) Gottes ist für das damalige religiöse Denken ungewöhnlich. Genau das, was eigentlich nicht darstellbar ist, dessen Darstellung im Judentum und später im Islam streng verboten ist, Gott, gewinnt plötzlich Gestalt. Am deutlichsten formuliert das ein Hymnus im Kolosserbrief, der den Menschen Jesus gleichzeitig als einen beschreibt, der mehr ist als ein Mensch:

„Er ist das Ebenbild des unsichtbaren Gottes, der Erstgeborene der ganzen Schöpfung". (Kol 1,15)

Wie kam es zu dieser Überzeugung? Historisch waren Geburt, Kindheit und Jugend des Handwerkersohns Jesus wohl unspektakulär. Sonst gäbe es darüber genauere Überlieferungen. Die kurze Zeit seiner öffentlichen Tätigkeit scheint dagegen für viele aufrüttelnd gewesen zu sein. In der Begegnung mit dem Menschen Jesus veränderte sich ihr Gottesbild: Für sie war Gott nicht mehr fern und so etwas wie „Himmel auf Erden" möglich. Jesus selbst nannte es den Anbruch des Reiches Gottes. Und der Philosoph Ernst Bloch bezeichnete das als „Polarstern jeder Utopie". Erst nach Tod und Auferstehung Jesu aber verdichtet sich der Glaube seiner Jünger an die Göttlichkeit Jesu zur Gewissheit. Die Ostersonne entzündete sozusagen den Weihnachtsstern. Und die Biografie Jesu in den Evangelien erhielt durch die Kindheitsgeschichten die Einleitung, die seine Bedeutung von Anfang an zeigt und die bis heute an Weihnachten besungen und gefeiert wird. ◀

Wolfgang Baur

„Ein Stern tritt hervor aus Jakob" (Num 24,17)
Das frühchristliche Fresko aus der Thekla-Katakombe in Rom zeigt zwei Menschen, die sich auffällig lebendig und dynamisch einem Stern zuwenden. Wahrscheinlich ist es die Szene aus Num 24,17, in der der Seher Bileam dem König Balak seinen Orakelspruch mitteilt (siehe S. 30). Für die Christen, die das Bild im 4. Jh. an die Wand des unterirdischen Versammlungsraums gemalt haben, war dieser Stern Sinnbild für den Messias. Sie schöpften aus dem lichtvollen Motiv Mut für ihren riskanten Weg, inmitten eines vielgestaltigen Götterkults ihren Glauben an Jesus Christus zu bekennen. © picture desk

DIE ENTSTEHUNG DES WEIHNACHTSFESTES IN DER SPÄTANTIKE
Unsere Sonne ist nicht eure Sonne

Dreihundert Jahre lang sehen die Christen keinen Anlass, die Geburt Jesu festlich zu begehen. Als das Geburtsfest im 4. Jh. entsteht, sind die heidnischen Kulte noch sehr lebendig. Doch begünstigt gerade der populäre Sonnenkult die Entstehung unter Kaiser Konstantin dem Großen. Das Weihnachtsfest trägt zu dieser Zeit den Namen „Geburt der neuen Sonne".

Von Martin Wallraff

Bronzestatue eines Kaisers mit Strahlenkranz. Forscher nehmen an, dass sie eine Kopie jener Konstantinstatue ist, die in Konstantinopel aufbewahrt und am Geburtstag der Stadt auf einem Wagen zum Hippodrom gefahren wurde. Der erste christliche Kaiser, Konstantin, stilisierte sich selbst als Sonnengott. In seinem Sinne hätte das Weihnachtsfest als „Geburtsfest der neuen Sonne" Heiden und Christen vereinen sollen. Fundort Tømmerby, Dänemark.
© Lennart Larsen, Dänisches Nationalmuseum, Kopenhagen

Weihnachten ist am 25. Dezember. Seit wann ist das so? Die Frage scheint absurd, denn es wirkt, als sei das „immer schon" so gewesen und müsse deshalb auch immer so bleiben. Ja, im vielfachen Wandel unserer Zeit hat man den Eindruck, nichts sei so fest und verlässlich wie der wiederkehrende Weihnachtstermin Ende Dezember. Dass es diesen Termin einmal nicht mehr geben könne oder dass es ihn einmal nicht gegeben habe, scheint schwer vorstellbar. Manche Zeitgenossen haben sogar den Eindruck, das Weihnachtsfest könne auch das Christentum überleben, das sich in Europa stetig im Rückgang befindet. Weihnachten ohne Christentum? Tatsächlich lässt die Feierkultur unserer Tage manchmal zweifeln, wie groß die christliche Komponente noch ist.

Wie es dereinst ein Weihnachtsfest auch ohne Christentum geben könnte, so wird mitunter der Eindruck erweckt, als habe es dieses Fest schon längst vor dem Christentum gegeben, als sei es ein uraltes, „schon immer" vorhandenes, quasi naturgegebenes Fest. Zum Beleg wird gerne auf die Wintersonnwende verwiesen, die ja tatsächlich naturgegeben ist. Im 20. Jh. hat es nicht an Versuchen gefehlt, auf diese Weise ein nichtchristliches und deshalb angeblich besonders „ursprüngliches", „echtes" Weihnachtsfest zu rekonstruieren, zu postulieren: Man denke etwa an das germanische Julfest, das von den Nazis propagiert wurde, oder schlicht an die „Jahresendflügelpuppen" (anstelle der Weihnachtsengel) in der DDR. Auch der Jahreswechsel wird als etwas Altes, Naturgegebenes gesehen. Diese Versuche haben eine offenkundig ideologische Tendenz. Auch ohne dieses ideologische Handgepäck bleibt die Frage, wie alt das Fest tatsächlich ist.

Oder ist das Christentum älter als das Weihnachtsfest? Tatsächlich ist die christliche Religion etwa 300 Jahre lang ohne ein solches Fest ausgekommen – und hat nach allem, was wir wissen, damit nicht schlecht gelebt. 300 Jahre sind eine lange Zeit, etwa zehn Generationen. Von den Christen, die zuerst Weihnachten feierten, war Jesus Christus weiter entfernt als von uns Kant oder Goethe. Schon dieser Vergleich macht deutlich, dass eine geheime mündliche Tradition über den „wahren" Geburtstag von

Relief des Gottes Mithras mit Strahlenkranz auf einem Altar. Das Relief kann von hinten beleuchtet werden, sodass die Strahlen hell erscheinen. Im 3. Jh. n. Chr. war Mithras eine der populären Gottheiten im Römischen Reich, die mit der Sonne assoziiert wurden – wie Jesus Christus auch. Der Altar stammt aus einem Mithrastempel in Newcastle upon Tyne, Großbritannien.

© Museum of Antiquaries of the University and Society of Antiquaries of Newcastle upon Tyne, Objekt-Nr. 1956.10.30

Jesus, die von einer Generation zur anderen weitergegeben wurde (ohne dass aber deshalb ein Fest an diesem Tag gefeiert wurde), keine allzu plausible Annahme ist. Tatsache ist, dass wir schlicht nicht wissen, an welchem Tag Jesus geboren ist – wir wissen das heute nicht, genauso wie die Christen um das Jahr 300 es nicht wussten. Im Gegenteil, man kann sogar annehmen, dass es wohl nicht im Dezember gewesen sein dürfte, denn selbst in Palästina ist es dann so kalt, dass des nachts die Hirten nicht „auf dem Felde bei den Herden" waren (Lk 2,8).

Wurde Jesus im Frühjahr oder Winter geboren? – Wie es zum 25. Dezember kam

Tatsächlich kamen die ersten christlichen Theologen, die sich mit der Frage beschäftigten, meist eher auf Frühjahrstermine, etwa Ende März oder Anfang April. Bei näherem Hinsehen zeigt sich freilich, dass diese Überlegungen interessengeleitet sind. Ihnen liegt die folgende theologische Annahme (Axiom) zugrunde: Die Zeiteinteilung geschieht nach göttlicher Harmonie, daher müssen die zentralen Heilsereignisse im Abstand ganzer Jahre zueinander liegen. Die Auferstehung, also Ostern, lag im Frühjahr; die Schöpfung stellte man sich aus nahe liegenden Gründen ebenfalls im Frühjahr vor (andernfalls hätte Gott Bäume geschaffen, die sofort ihre Blätter verlieren!). Daher musste auch die Inkarnation im Frühjahr liegen. Ein anonymer Autor im 3. Jh. schreibt:

„Wie wunderbar und göttlich ist doch die Vorsehung des Herrn, dass an eben dem Tag, an dem die Sonne gemacht worden ist, auch Christus geboren wurde, nämlich am fünften Tag vor den Kalenden des April (=28. März), einem Mittwoch. Daher hat der Prophet Maleachi zu Recht über ihn zum Volk gesprochen: ,Es wird euch aufgehen die Sonne der Gerechtigkeit.' (Mal 3,20)" (De pascha computus 19)

Hier klingt bereits ein Motiv an, auf das noch zurückzukommen ist, nämlich das der „Sonne der Gerechtigkeit".

Wie aber kommt es zu dem Termin am 25. Dezember? Es hat den Gelehrten immer zu schaffen gemacht, dass man es ganz genau nicht weiß und wohl nie wissen wird. Man kann den fraglichen Punkt der Entstehung des Festes geografisch und zeitlich einigermaßen präzis einkreisen, aber im entscheidenden Moment gelingt es nicht, den Finger auf die richtige Stelle, den richtigen Text und Autor zu legen. Bei Lichte besehen, ist dies vielleicht gar nicht so erstaunlich. Denn das Fest steht ja in der Ver-

Christus mit Strahlenkranz. Stark restauriertes Mosaik aus dem 5. Jh. vom Triumphbogen der Kirche St. Paul vor den Mauern (San Paolo fuori le Mura) in Rom.

Im 3. Jh. gewinnt der Sonnengott eine zentrale Stellung, die es ihm erlaubt, zahlreiche andere Götter in sich aufzusaugen

legenheit, dass es einerseits ein historisches Fest ist (also ein konkretes Ereignis der Geschichte in Erinnerung ruft), dass aber andererseits der genaue Termin dieses Ereignisses unbekannt ist. Es ist kaum anzunehmen, dass das Fest zu irgendeinem Zeitpunkt X von einem charismatischen Kirchenführer Y als geniale Neuerung mit großem Pomp und Aufsehen neu eingeführt worden ist. So etwas hat es in der Kirchengeschichte gegeben – aber nur bei „Ideenfesten", also Festen wie Fronleichnam oder Trinitatis, die eine abstrakte Idee, nicht ein historisches Ereignis zum Gegenstand haben. Das Weihnachtsfest wird aller Wahrscheinlichkeit nach eher unauffällig und leise eingeführt worden sein. Oder vielleicht sollte man gar nicht von einer Einführung sprechen (als habe da jemand aktiv agiert), sondern eher von einer allmählichen Entstehung aus vermutlich sehr bescheidenen Anfängen. Der Gedanke gefiel und überzeugte, und so verbreitete sich das Fest nach und nach in der ganzen Christenheit. Tatsächlich können wir diesen Ausbreitungsprozess in den historischen Quellen gut verfolgen, obgleich wir seinen genauen Ursprung nicht kennen.

Man hat die Indizien für die Entstehung des Festes mit detektivischer Akribie gesammelt, und sie weisen nach Rom in die ersten Jahre (oder Jahrzehnte) des 4. Jh. Die erste, eher indirekte Erwähnung findet sich in einem stadtrömischen Kalenderdokument, das vor 336 entstanden sein muss. Wer diese Jahreszahl liest, horcht auf: Es ist die Regierungszeit Konstantins des Großen. Das ist vielleicht mehr als Zufall. Denn das Weihnachtsfest ist ein Fest, wie es diesem Kaiser gefallen haben dürfte, ein Fest, das sich gut in die Religionspolitik dieses religiös so vielseitigen und so interessierten Mannes einfügt. Das muss nicht heißen, dass der Kaiser höchstpersönlich es erfunden oder eingeführt hat (das ist wohl eher nicht der Fall – sonst hätte sich vermutlich ein Dokument aus der kaiserlichen Kanzlei erhalten), aber es ist doch ein Fest ganz nach seinem Sinn, unter seiner Regentschaft „politisch korrekt".

Der Sonnenkult, ein römisches Modephänomen

Das hängt wiederum mit dem Sonnenbezug zusammen. Schon seit einigen Jahrzehnten erfreute sich die Sonne als religiöse Bezugsgröße enormer Beliebtheit im Römischen Reich, ja, man kann geradezu von einem religiösen Modephänomen sprechen. Der enorm populäre Mithraskult identifizierte den höchsten Weihegrad mit der Sonne und operierte in der rituellen Praxis mit solaren Beleuchtungseffekten (siehe Abb. S. 11). Die hohe Politik führte ihre Siege auf den *Sol invictus*, den „unbesiegbaren Sonnengott" zurück (der militärische Aspekt war im Römischen Reich immer wichtig!). Die Kaiser ließen sich auf ihren Münzen mit einem Strahlenkranz wie der Sonnengott Helios darstellen (s. auch Abb. S. 10). Und auch bei den Christen war es üblich geworden, Christus als „Sonne der Gerechtigkeit" zu besingen, obwohl das Neue Testament einen solchen Titel für Christus gar nicht nahelegt – und obgleich umgekehrt die Maleachi-Stelle, in der von der „Sonne der Gerechtigkeit" die Rede ist (3,20), nicht viel mit Christus und dem Messias-Glauben zu tun hat. Auch die Christen konnten jetzt ihren Heiland mit einem Sonnen-Strahlenkranz darstellen (s. Abb. oben links und rechts).

Wohlgemerkt: Diese „Sonnenfrömmigkeit" war kein uraltes Phänomen in der griechisch-römischen Kultur. Im Gegenteil spielen die alten Sonnengötter Helios und Sol im Olymp der klassischen Antike eine eher untergeordnete Rolle. Erst im 3. Jh. n. Chr. gewinnt der Sonnengott eine zentrale Stellung, die es ihm erlaubt, zahlreiche andere Götter in sich aufzusaugen. Der griechische Apollo, der ägyptische Sarapis, der persische Mithras – sie alle und viele mehr waren Kandidaten, ja warteten nur darauf, mit dem Sonnengott in eins gesetzt zu werden. *„Viele ziehen einfach alle Götter in einer Macht und Gewalt zusammen, sodass es gleichgültig ist, ob man diesen oder jenen Gott ehrt,"* so sagt der griechische Intellektuelle Dion Chrysostomos am Anfang des 2. Jh. und charakterisiert damit die religiöse Kultur seiner Zeit. Dass diese eine Macht und Gewalt die Sonne sei, war in der Spätantike weit verbreitete Überzeugung, geteilt nicht zuletzt von Kaiser Konstantin.

Am höchsten Punkt der von ihm neu begründeten und nach ihm benannten Hauptstadt Konstantinopel ließ er sich selbst auf einer hohen Säule als *roi soleil*, stilisiert als Sonnengott, darstellen. Seine Religionspolitik war darauf ausgerichtet, die divergierenden Kräfte des multikulturellen und multireligiösen Riesenreiches unter dem Dach des Sonnenkultes zu sammeln. Anders als bei seinem Vorgänger Diokletian sollte diese Sammlung das Christentum nicht aus- sondern einschließen. Was wäre dazu besser geeignet als die Einführung eines Sonnen-Festes, das für Christen und Nichtchristen gleichermaßen geeignet und akzeptabel, ja jeweils als authentischer Ausdruck des eigenen Glaubens zu feiern war?

Die „Geburt der neuen Sonne" – aber sehen in der „Sonne" alle dasselbe?

Aus solchen Erwägungen hatte Konstantin den Sonn-Tag als wöchentlichen Ruhetag staatlich sanktioniert. Für das Weihnachtsfest gibt es, wie gesagt, kein Indiz offizieller Förderung durch den Kaiser, aber es kann kaum ein Zweifel sein, dass seine Entstehung in den gleichen Kontext gehört, gewissermaßen die gleiche Luft atmet. Es war ein im besten Sinne inklusives Fest, zu feiern von jedermann, sei er Christ oder in irgendeiner anderen Position verankert im breiten Markt der religiösen Möglichkeiten oder in einer Grauzone dazwischen. Die „Geburt der neuen Sonne" nannte man es – damit konnte jeder etwas anfangen. Konstantin hätte es wohl gefallen, wenn sich alle Untertanen seines Reiches treu und gläubig um dieses Fest geschart hätten.

Allerdings waren Konstantins Vorstellungen vom Christentum nicht unbedingt identisch mit denen der Christen selbst. Manchen Bischöfen ging Konstantins Freude am „Inklusiven" entschieden zu weit. Selbst Eusebius von Cäsarea – sonst nicht bekannt für harsche Kritik am Kaiser – lässt in einer Lobrede auf Konstantin das theologische Problem anklingen: Der Kaiser mag sich ja als Sonne der Welt stilisieren, aber aus christlicher Sicht bleibt es dabei, dass die Sonne nichts Göttliches, nichts Verehrungswürdiges hat (*laudes Constantini* 10,2; 13,1). Die Sonne ist ein Geschöpf wie alles andere auch, und noch nicht einmal ein be-

Christus dargestellt als die aufgehende Sonne. Mosaik in einem christlichen Mausoleum der Nekropole am Fuß des Mons Vaticanus (3. Jh., heute unter St. Peter).

WAS HAT WEIHNACHTEN MIT DER WINTERSONNWENDE ZU TUN?

Wenn das Weihnachtsfest bei seiner Entstehung „Geburt der neuen Sonne" hieß: War das Fest dann eine alte vorchristliche Tradition, mit der sich das Christentum nun irgendwie – mehr schlecht als recht – einzurichten hatte? Ohnehin lässt der Termin der Wintersonnwende daran denken, dass es das Fest außerchristlich „schon immer" gegeben habe. Das ist nicht der Fall. Die ältesten Quellenbelege für das Fest reichen nicht weiter zurück als Belege im Christentum aus dem 4. Jh. (die Zitate finden sich im Beitrag). Und der genaue Termin am 25. Dezember beweist sogar, dass es kein uraltes Fest ist. Denn streng genommen entspricht der 25. Dezember heutzutage nicht genau der Wintersonnwende, sondern kommt vier Tage zu spät. Der julianische Kalender, der in der Antike galt, war unter Julius Cäsar (1. Jh. v. Chr.) so eingeführt worden, dass die Wintersonnwende auf den 21. Dezember fiel. Obwohl dieser Kalender sehr gut war, ergab sich im Laufe der Zeit eine kleine Abweichung von den astronomischen Gegebenheiten, etwa ein Tag in jedem Jahrhundert. Im 4. Jh. war es so weit gekommen, dass die Sonnwende nicht mehr auf dem 21., sondern auf dem 25. Dezember lag. Das Fest wurde also korrekt und passgenau auf die Wintersonnwende gelegt – aber eben zu einer Zeit, als diese Sonnwende am 25., nicht mehr am 21. Dezember stattfand. Obwohl die Abweichung durch die neuzeitliche Kalenderreform von Papst Gregor XIII. beseitigt ist, blieb der Termin am 25. Dezember bestehen – ein Termin, der bis heute seine Entstehung im 4. Jh. im Antlitz trägt.
(Martin Wallraff)

---

sonders hervorgehobenes: Nach dem biblischen Schöpfungsbericht ist sie am vierten Tag erschaffen, nicht etwa ganz am Anfang.

Wenn Christen ihren Heiland als „Sonne" besingen, so ist das nur eine Metapher neben anderen: Christus als Hirt, als Lamm, als Fisch oder als Tür. Und wenn Christen die „Geburt der neuen Sonne" feiern, so können sie nicht einfach einstimmen in den Chor der Sonnenverehrer, sondern es schwingt immer ein kritisches Moment mit. Ihre Sonne Christus wird nie ganz eins mit der göttlichen Sonne der anderen. Das wird spürbar in der Weihnachtspredigt selbst derjenigen, die der inklusiven religiösen Sprache besonders weit entgegenkamen, sie besonders bereitwillig aufnahmen. Um 400 (damals war das Fest schon etwa 100 Jahre bekannt!) holt Maximus von Turin seine Gemeinde da ab, wo sie ist, bringt sie aber dann unversehens in eine ganz andere Gedankenbahn:

„Das Volk nennt diesen Tag der Geburt des Herrn in gewisser Weise zu Recht ‚neue Sonne'. ... Wir nehmen das gerne auf, weil durch den Aufgang des Retters nicht nur das Heil für das Menschengeschlecht, sondern auch das Licht der Sonne selbst erneuert wird. ... ‚Neue Sonne' nennt also das Volk diesen Tag, und indem es ‚neu' sagt, zeigt es, dass sie zugleich auch alt ist. Alt aber nenne ich die Sonne dieser Welt, die den Abstieg erduldet, die *durch Wände ausgesperrt und durch Wolken verdunkelt werden kann. Alt nenne ich die Sonne, die der Vergänglichkeit unterworfen ist, die das Verderben fürchtet, die vor dem Gericht Angst hat. ... Wenn es also offenkundig ist, dass dies die alte Sonne ist, wen sollten wir dann als neue Sonne finden, wenn nicht Christus, den Herrn, über den geschrieben steht: ‚Es wird euch aufgehen die Sonne der Gerechtigkeit' (Mal 3,20)? ... Er also ist die neue Sonne, die ins Abgeschiedene eindringt, die die Unterwelt aufschließt, die die Herzen ausforscht; er ist die neue Sonne, die mit ihrem Geist das Tote wiederbelebt, das Verdorbene wiederherstellt, das schon aus dem Leben Geschiedene wiedererweckt. ... Das aber ist der Unterschied zwischen den beiden Sonnen, dass jene das Gericht fürchtet, diese das Gericht androht, jene Diener des Verderbens ist, diese Herr der Ewigkeit, jene Geschöpf, diese Schöpfer."* (sermo 62,1f)

Die eine Sonne und die andere Sonne – die der Heiden und die der Christen: Schärfer könnten sie nicht entgegengesetzt werden. Und das, obgleich Maximus mit der Benennung des Weihnachtsfestes als „neue Sonne" durchaus einverstanden ist und dafür positive christliche Bezugspunkte findet. Andere Prediger (vor allem späterer Zeit) haben mit diesem positiven Bezug mehr Mühe und betonen vor allem die Abgrenzung gegenüber dem heidnischen Sonnenfest.

Wer also hat das Fest eingeführt? Waren es die Heiden oder die Christen? Wir wissen es nicht. Wir werden es vermutlich auch nie wissen, eben weil die Einführung kein spektakulärer hoheitlicher Akt war, sondern eine eher unauffällige Entstehung aus kleinen Anfängen und eine anschließende Aufstiegsgeschichte, weil das Fest überzeugte und gefiel. Hätte man Zeitgenossen gefragt, ob das Fest eher christlichen oder eher heidnischen Ursprungs ist, so hätten vermutlich beide Seiten den Vorrang für sich in Anspruch genommen. Für uns muss es dabei bleiben, dass das Fest ein Ausfluss jener Sonnenfrömmigkeit ist, die die ganze Zeit erfasste und an der das Christentum seinen Anteil hatte.

Volle Kirchen an Weihnachten im 4. Jahrhundert

Wenn auch die Anfänge im Dunkeln liegen, so lässt sich doch sehr schön verfolgen, wie sich das Fest in wenigen Jahrzehnten im Bereich des gesamten damaligen Christentums (mit einer kleinen Ausnahme!) verbreitete. Während in vielen theologischen Fragen Neuerungen meist im Osten entwickelt und im Westen mit Verzögerung übernommen werden, ist es hier umgekehrt: in Rom entstanden, tritt das Fest einen beispiellosen Siegeszug im Osten, in den alten Kerngebieten des Christentums, an. In der zweiten Hälfte des 4. Jh. finden wir es in Antiochien, in Kleinasien und in Konstantinopel. Im Laufe des 5. Jh. übernehmen es auch die Patriarchate von Alexandrien und Jerusalem.

Auch diesen Ausbreitungsprozess dürfen wir uns nicht als ein zentral gesteuertes Phänomen vorstellen, etwa von einem Papst oder Bischof angeordnet und durchgesetzt. Vielmehr leuchtete die Idee den Gemeinden unmittelbar ein – schon nach kurzer Zeit waren zu dieser Gelegenheit die Kirchen gut besucht. Johannes Chrysostomos, Priester in Antiochien und einer der größten Prediger der Alten Kirche, war offenbar selbst erstaunt, wie voll die Kirche war. Um das Jahr 380 predigt er:

„Und doch sind es noch keine zehn Jahre, seit uns dieser Festtag bekannt und vertraut geworden ist. Aber als wäre er uns schon lange und seit vielen Jahren überliefert, ist er aufgeblüht durch euren Eifer. Wer ihn neu und alt zugleich nennt, würde nicht fehlgehen: neu, weil er uns erst kürzlich bekannt wurde, alt und ursprünglich, weil er den älteren Festen alsbald an Alterswürde gleich wird und das gleiche Maß des Alters wie sie erreicht. Es ist wie bei echten und edlen Pflanzen: Sobald man sie in die Erde einpflanzt, wachsen sie sogleich zu großer Höhe empor und sind schwer vor Früchten. Ebenso ist auch dieser Festtag bei den Bewohnern des Westens schon lange bekannt, zu uns aber ist er jetzt gelangt, vor nicht vielen Jahren; und ebenso sprosste er sogleich auf, trug er so reichlich Frucht, wie jetzt zu sehen ist: Die Höfe bei uns sind gefüllt, und die ganze Kirche ist gedrängt voll mit der Menge derer, die zusammengeströmt sind." (PG 49,351)

Die spontane Verbreitung des Festes ist umso erstaunlicher, als es durchaus Konkurrenz gab. Die Kirchen in der östlichen Reichshälfte feierten die Geburt Christi an einem anderen Termin, nämlich am 6. Januar. Nur eine kleine, aber alte und selbstbewusste Kirche außerhalb des Römischen Reiches hat das Fest im Dezember nie übernommen – bis heute nicht: die armenischen Christen feiern auch heute noch die Geburt Christi am 6. Januar. Für alle anderen fand sich für die Doppelung der Termine eine diplomatische Lösung: Am 25. Dezember gedenkt man der Geburt in der Krippe (gewissermaßen „Weihnachten nach Lukas"), am 6. Januar der Magieranbetung („Weihnachten nach Matthäus"). Es mag ja durchaus sein, dass die Magier dreizehn Tage brauchten, bis sie in Betlehem angelangt waren! ◄

INTERNET

www.weltundumweltderbibel.de
Tipps für die Internetrecherche zum Heftthema
von PD Dr. Thomas Hieke, Biblische Theologie, Universität Mainz

Liebe Leserinnen und Leser,

zum Thema Weihnachten gibt es im Internet eine fast unüberschaubare Fülle an Informationen. Damit Sie sich darin besser zurechtfinden und gezielt interessante Seiten aufsuchen können, haben wir für Sie wieder eine umfangreiche Linksammlung ausgesucht.

Schwerpunkte darin sind beispielsweise:

- Texte aus der Frühzeit der Kirche und von späteren bedeutenden Christen zum Thema
- Theorien zur Deutung des Sterns von Bethlehem
- Die Darstellung der Geburt Jesu und die Religionsgeschichte
- Die archäologischen Entdeckungen in Priene
- Weihnachten in Kunst und religiöser Tradition

Exemplarisch sei die Seite der Augustinusforschung erwähnt (siehe Screenshot): Die Zitate aus den Predigten des Kirchenvaters zeigen, dass das Thema der Menschwerdung Gottes im 4./5. Jh. sehr kreativ und teilweise gegen andere theologische Ansichten dargestellt wurde. So kann Augustinus von Jesus als einem „Geschöpf" Gottes sprechen. Für dieselbe Aussage wurde Arius auf dem Konzil von Nizäa verurteilt ... lesen Sie selbst und staunen Sie über die Buntheit der frühkirchlichen Verkündigung!

Sie finden die Linkliste unter **www.weltundumweltderbibel.de**
> Menüpunkt „Thematische Links"

DEN NEUTESTAMENTLICHEN KINDHEITSGESCHICHTEN AUF DER SPUR

„Mit der Geburt Jesu Christi war es so..." (Mt 1,18)

Nur zwei von vier Evangelisten überliefern die Geburt Jesu: Matthäus und Lukas. Sie erzählen über die Geburt desselben Kindes. Das ist aber schon fast die einzige Übereinstimmung: Darüber hinaus sind ihre Erzählungen sehr unterschiedlich. Irrt sich einer? Oder beide?

Von Markus Lau

Die Geburt Jesu wird sich nicht wie in den beiden Evangelien beschrieben abgespielt haben

Zu den festen Ritualen meiner Kindheit gehörte es, an Weihnachten die Krippe in der Pfarrkirche zu bestaunen. Das Hirtenfeuer flackerte, die Figuren in ihren bunten Gewändern waren in diffuses Licht getaucht, Engel und Stern strahlten über der dunklen Höhle, die Heilige Familie in ihr, Ochs und Esel an der Seite – das alles übte eine eigenartige Faszination auf mich aus. Unruhig wurde ich dann im Verlauf des Weihnachtsgottesdienstes, wenn aus dem Matthäus- oder dem Lukasevangelium die Geschichte von der Geburt Jesu vorgelesen wurde. Im Kopf verglich ich unsere Krippe mit dem Text. Irgendetwas fehlte immer. Auf den Stern wartete ich jedes Mal vergebens. Bei anderen Details schienen sich die beiden Texte nicht einig zu sein. Bei Lukas etwa gab es eine Krippe, aber leider keine Höhle, die doch in unserer Krippenlandschaft alles beherrschte. Bei Matthäus hingegen wurde Jesus einfach so geboren, ohne besonderen Ort. Auch bei den Engeln konnte etwas nicht stimmen. In der einen Erzählung erhielt Josef nachts Besuch von einem Engel. Bei Lukas hörte man hingegen von einem Engel mitsamt einem ganzen Engelheer, das den Hirten – immerhin auch in der Nacht – auf den Feldern erschien. Von diesen Hirten war bei Matthäus keine Spur zu finden. Er musste sie völlig vergessen haben. Für mich war das ein kaum lösbares Problem: Nicht nur die Krippe passte nicht zu den Texten, auch die Texte selbst erzählten über die gleiche Sache ganz Unterschiedliches. Wieso?

Es hat gedauert, bis ich begriff: Unsere Krippe vermengt die Erzählungen des Matthäus und des Lukas zu einem Ganzen und garniert sie zusätzlich mit ein paar außerbiblischen Details. Die beiden Evangelien erzählen den Anfang Jesu, die Kindheitsgeschichten, je auf ihre Weise, mit ganz unterschiedlichen Akzenten und Sinnspitzen. Neben manchen Gemeinsamkeiten überwiegen dabei die Unterschiede. Ein vergleichender Blick auf die Grobgliederung der beiden Kindheitsgeschichten macht dies mehr als deutlich.

Die Kindheitsgeschichte im Matthäusevangelium

Matthäus beginnt sein Evangelium mit der Kindheitsgeschichte. Sie lässt sich in vier Szenen unterteilen. Auf die Überschrift in Mt 1,1 folgt der Stammbaum Jesu (1,2-17), den Matthäus erkennbar in drei Einheiten zu jeweils 14 Generationen gegliedert wissen will (1,17). Die traumhafte Geburtsankündigung an Josef durch einen Engel bildet die zweite Szene (1,18-25), der sich die Erzählung vom Besuch der Magier aus dem Osten anschließt (2,1-12). Die eigentliche Geburt Jesu wird nicht erzählt, sondern in 1,25 bzw. 2,1 vorausgesetzt. In schneller Erzählfolge berichtet Matthäus vom weiteren Geschick der Familie Jesu, die – durch insgesamt drei Träume geleitet – eine große Reise unternimmt: von Betlehem nach Ägypten (um vor dem herodianischen Kindermord zu fliehen) und von dort zunächst wieder zurück nach Judäa und schließlich nach Nazaret in Galiläa (2,13-23).

Das Kindheitsgeschichten-Diptychon bei Lukas

Gänzlich anders baut Lukas seine Kindheitsgeschichte auf. Nach dem einleitenden *Proömium* (1,1-4), einer Art Vorwort, das in der griechischen Fachschriftstellerei (etwa bei Historikern) häufig anzutreffen ist, nutzt Lukas ein antikes rhetorisches Stilmittel, um seine Jesusgeschichte zu eröffnen. Er schreibt eine *Synkrisis*, eine „Vergleichung". Erzählt und dadurch verglichen werden bei ihm die Kindheitsgeschichten von Johannes dem Täufer und Jesus. Wie auf einem Flügelaltar wechseln sich dabei – im Sinne eines kompositionellen Diptychons – die Szenen in schöner Regelmäßigkeit ab (s. Grafik folgende Seite). Lukas beginnt mit der Geburtsankündigung des Täufers. Sie ergeht im Tempel von Jerusalem an den Vater, den Priester Zacharias, der von einem Engel aufgeklärt wird, dass seine Frau Elisabet einen Sohn gebären wird (1,5-25). Dem entspricht die Ankündigung der Geburt Jesu. Schauplatz ist Nazaret. Vom Engel informiert wird in diesem Fall die Mutter des zu erwartenden Kindes, Maria (1,26-38). Die folgende Szene – Maria besucht Elisabet und spricht das berühmte Magnificat (1,46-55) – führt nun die beiden Mütter und damit pränatal auch die beiden Kinder zusammen (1,39-56). Von der Geburt des Täufers, seiner Beschneidung und Namensgebung erzählt Lukas in schnellen Zügen (1,57-79). Er

In keinem biblischen Weihnachtstext finden sich alle hier sichtbaren Elemente: Die Krippen vermischen Angaben aus dem Matthäus- und Lukasevangelium.
© picture-alliance / Bildagentur Huber

a: Krippe: Lukas
b: Engelheer: Lukas
c: Hirten: Lukas
d: Magier: Matthäus
e: Stern: Matthäus
f: Haus: Matthäus (Höhle/Stall: apokryph)
g: Ochs und Esel: apokryph

Wie kommen Ochs und Esel in den Stall?
Das apokryphe Pseudo-Matthäus-Evangelium (6. Jh.), nimmt eine Stelle aus dem Jesajabuch auf: „Am dritten Tag nach der Geburt des Herrn verließ Maria die Höhle und ging in einen Stall. Sie legte den Knaben in eine Krippe; Ochs und Esel huldigten ihm. Da ging in Erfüllung, was der Prophet Jesaja gesagt hatte: Es kennt der Ochse seinen Besitzer und der Esel die Krippe des Herrn (Jes 1,3). Die Tiere nahmen ihn in ihre Mitte und huldigten ihm ohne Unterlass …" Das Ochs-Esel-Motiv dieser beliebten Schrift findet Eingang in die mittelalterliche Legenda Aurea. Diese Sammlung wiederum transportiert es so nachhaltig in Volksfrömmigkeit und Kunst, dass die beiden Tiere bis heute selbstverständlicher Teil der Krippendarstellungen sind.

ZWEI WEIHNACHTSEVANGELIEN

NUR WENIGE GEMEINSAMKEITEN …
Namen der Protagonisten Josef, Maria und Jesus
Zeit des Herodes
Geburt in Betlehem
Jungfrauengeburt

… UND VIELE UNTERSCHIEDE:
Zensus (Lk), Geburtsgeschichte des Täufers (Lk), Hirten (Lk), passiver Josef/aktive Maria (Lk), Verkündigung an Maria (Lk), Stammbaum Jesu (Mt), Magier (Mt), aktiver Josef/passive Maria (Mt), Flucht nach Ägypten und Kindermord (Mt)

LUKAS KOMPONIERT DIE KINDHEITSGESCHICHTE JESU PARALLEL ZU DER DES TÄUFERS

... um zu zeigen, dass bei der Geburt Jesu alle Vorschriften des jüdischen Gesetzes erfüllt werden

Täufer-Szenen	Jesus-Szenen
Ankündigung der Geburt ...	
... des Täufers an den Priester Zacharias im Tempel (1,5-25)	... Jesu an die Jungfrau Maria im Haus (1,26-38)
Begegnung der beiden ungeborenen Kinder ...	
... Besuch Marias bei Elisabet (1,39-56)	
Geburt, Beschneidung und Namensgebung ...	
... des Täufers (1,57-79)	... Jesu (2,1-21)
Wachstumsnotiz (1,80)	Der neugeborene Jesus im Tempel begegnet Simeon und Hanna (2,22-3,9)
	Wachstumsnotiz (2,40)
	Der zwölfjährige Jesus im Tempel (2,41-51)
	Wachstumsnotiz (2,52)

Zwei Mal verkündet der Erzengel Gabriel eine Geburt – einmal dem Zacharias (links), dem Vater Johannes' des Täufers, einmal der Maria (rechts), der Mutter Jesu. Auf beiden Gemälden weist der Engel mit dem Finger in den Himmel und deutet auf das göttliche Eingreifen hin. Das Lukasevangelium erzählt Geburt und Kindheit der beiden Söhne parallel.

Links: Der Erzengel Gabriel verkündet an Zacharias die Geburt Johannes' des Täufers, Bonifazio Veronese, um 1550, Venedig, Galleria dell'Accademia. © akg / Cameraphoto

Rechts: Verkündigung an Maria, Orazio Gentileschi, 1623, Turin, Galleria Sabauda. © akg / Electa

beschließt diese Täuferszene mit einer Wachstumsnotiz: „*Das Kind aber wuchs und wurde stark im Geist ...*" (1,80). Dieses Erzählsegment wird im Blick auf Jesus ausgedehnt. Lukas berichtet zwar inhaltlich ähnlich, aber doch viel ausführlicher von der Geburt, die den Hirten auf dem Feld verkündet wird, der Namensgebung und der Beschneidung Jesu (Lk 2,1-21). Dazu kommt ein erster Aufenthalt des Neugeborenen im Tempel von Jerusalem. Hier begegnen ihm Simeon und Hanna, die vom Heiligen Geist erfüllt über das Kind prophezeien (2,22-39). Erst jetzt führt Lukas – strukturell parallel zum Abschluss der letzten Täuferszene in Lk 1,80 – die für Jesus noch fehlende Wachstumsnotiz ein: „*Das Kind aber wuchs und wurde stark ...*" (2,40). Damit ist die Kindheitsgeschichte Jesu aber noch nicht zu Ende. Lukas schildert einen weiteren Tempelaufenthalt, bei dem der inzwischen zwölfjährige Jesus seinen Eltern ausbüxt und sich während dreier Tage im Tempel aufhält (2,41-51). Eine erneute Wachstumsnotiz schließt nun endgültig die Kindheitsgeschichte ab (2,52).

Mehr Unterschiede als Gemeinsamkeiten

So viel wird auf den ersten Blick klar: Die lukanische und die matthäische Kindheitsgeschichte berichten zwar über dieselbe Person, erzählen aber sowohl im Aufbau wie auch inhaltlich ausgesprochen unterschiedliche Geschichten. Exakte Übereinstimmungen zwischen den beiden Kindheitserzählungen gibt es nur im Blick auf wenige Erzähldetails. So stimmen etwa die Namen der Protagonisten überein. In beiden Fällen wird die Geburt in die Zeit des Herodes datiert

und in Betlehem verortet, wenn auch dieser Ort aus ganz unterschiedlichen Gründen aufgesucht wird: bei Matthäus ist Betlehem der Wohnort der Familie Jesu; bei Lukas ziehen Maria und Josef aufgrund des kaiserlichen Zensus nach Betlehem. In beiden Kindheitsgeschichten wird schließlich die Geburt, die übereinstimmend durch den Topos Jungfrauengeburt als „wunderbar" charakterisiert ist, von einem Engel einem Elternteil vorher verkündet.

Neben diesen Gemeinsamkeiten überwiegen aber eindeutig die Unterschiede. Ein paar Schlaglichter: Vom Täufer und seiner Geburtsgeschichte, die bei Lukas die Struktur angibt, findet sich bei Matthäus nichts. Dafür sucht man bei Lukas nach dem matthäischen Stammbaum in der Kindheitsgeschichte vergebens. Er wird erst in Lk 3,23-38 nachgetragen und unterscheidet sich deutlich von der matthäischen Version. Abweichungen gibt es auch im Blick auf das Figureninventar der Erzählungen. Matthäus berichtet vom Besuch der Magier, die einem Stern gefolgt sind. Dieser Stern und die Gruppe der Magier finden sich bei Lukas nun gerade nicht; dafür berichtet er von Hirten, denen Engel erschienen, die die Geburt verkündeten. Schließlich gibt es signifikante Unterschiede im Rollenkonzept: Dem *aktiven* Josef im Matthäusevangelium steht ein ausgesprochen *passiver* im Lukasevangelium gegenüber. Hier ist es Maria, die im Zentrum des Geschehens steht. Sie führt hingegen bei Matthäus ein Schattendasein.

Angesichts dieses Textbefunds stellt sich die Frage nach der historischen Wahrheit der Kindheitsgeschichten in verschärfter Form. Irrt sich einer der beiden Evangelisten massiv und hat der andere die historische Wahrheit auf seiner Seite? Oder liegen etwa beide nicht ganz richtig? Letzteres ist wahrscheinlich, denn spannungsfrei und eindeutig sind weder die beiden Geschichten je für sich gelesen noch im Vergleich miteinander. Die Geburt Jesu wird sich nicht genauso wie in den beiden Evangelien beschrieben abgespielt haben.

Festzuhalten bleibt: Die Angaben des Matthäus und die Angaben des Lukas entsprechen sich nicht, auch nicht in der Frage der Datierung der Geburt, wo man am ehesten Einigkeit erwarten könnte (s. Kasten S. 20) – und das ist weder überraschend noch verwerflich. Ein Evangelium ist als Erzählwerk nämlich keine Chronik oder Quellensammlung. Beiden Evangelisten geht es überhaupt nicht darum, im Sinne eines aufklärerischen, vielleicht sogar utopischen Verständnisses von historischer Geschichtsschreibung einfach nur zu *beschreiben, was gewesen ist*. Nicht alles, was die Evangelien erzählen, ist auch so passiert. Das ist keine neue Erkenntnis, muss aber immer wieder ins Bewusstsein gerufen werden. Keine der beiden Erzählungen kann und will für sich das Recht beanspruchen, wahr im Sinne eines historischen Faktenurteils zu sein. Evangelisten sind Theologen, die mit einer ganz bestimmten Absicht, einem pragmatischen Interesse, und – wie gute Schriftsteller und Theologen es nun einmal tun (sollten) – im Blick auf ihr jeweiliges Publikum, ihre Gemeinde und deren Situation, ihre Texte verfassen. Evangelien sind Gemeindeschriften; sie ergreifen im Blick auf die jeweilige Gemeindesituation Partei und werben für bestimmte Optionen – auch in den Kindheitsgeschichten.

Dieser Absicht der Texte nachzuspüren, sie zu entschlüsseln, ist überaus reizvoll. Als Beispiel wird auf den folgenden Seiten die matthäische Kindheitsgeschichte im Blick auf die Frage nach der Heidenmission entschlüsselt. ▷

Ein historischer Anker: Augustus, römischer Kaiser zur Zeit der Geburt Jesu. Eine reichsweite Steuerschätzung (Zensus), die Lukas als Grund für den Aufbruch von Galiläa nach Betlehem angibt, gab es aber unter ihm nicht, nur im Jahr 6/7 n. Chr. einen lokalen Zensus in Judäa. Mehrheitlich schätzt man heute die Geburt Jesu auf das Jahr 5 oder 4 v. Chr. Für die Erwähnung des Augustus hatte Lukas aber wohl noch andere Gründe (vgl. Beitrag S. 22 zur Kalenderinschrift von Priene). Kopf der sogenannten Toga-Statue, um 25 v. Chr., Museo Nazionale Romano, Palazzo Massimo. © akg / Electa

Herrscher, Zensus und Planetenkonjunktionen: Kennen die Evangelisten das Datum der Geburt Jesu?

Um diese Frage zu beantworten, lesen wir beide Kindheitsgeschichten mit den Augen eines Historikers, der den Text nach datierbaren Angaben durchforstet: nach besonderen Ereignissen und vor allem nach Namen von Regenten.

Ergiebig, aber auch widersprüchlich sind solche Angaben bei Lukas. Nach Lk 1,5 werden der Täufer und Jesus in den Tagen des Königs Herodes empfangen. Seine Regierungszeit erstreckte sich auf die Zeit von 40/37–4 v. Chr. Jesus hätte demnach spätestens 4 v. Chr. geboren werden müssen. Das passt zur in Lk 2,1 erwähnten Herrschaft des Kaisers Augustus, die 27 v. Chr. begann und bis 14 n. Chr. andauerte. In nicht zu lösende Schwierigkeiten stürzt den Historiker allerdings die Aussage, dass Quirinius zur Zeit der Geburt Jesu Statthalter von Syrien war (2,2). Dieses Amt trat er erst 6 n. Chr. an. Zu dieser Zeit war Herodes aber längst tot. Wollte man indes allein den „römischen" Angaben folgen, müsste Jesus zwischen 6 und 14 n. Chr. geboren worden sein. Schließlich könnte man versuchsweise auch die in Lk 2,1f erwähnte reichsweite Steuerschätzung, den Zensus, in das Kalkül einbeziehen. Allerdings schafft dies mehr Probleme, als dass es zur Lösung beiträgt. Denn eine reichsweite Steuerschätzung gab es unter Kaiser Augustus überhaupt nicht. Allerdings fand 6/7 n. Chr. ein Zensus für Judäa anlässlich der Eingliederung dieses Landesteils in die syrische Provinz statt (Flavius Josephus berichtet davon in seinen *Antiquitates*: XVII 355; XVIII 1-5), was zumindest mit den „römischen" Angaben harmoniert.

Keine durchschlagende Klärung in dieser verworrenen Lage bringen die matthäischen Angaben. Für seine Kindheitsgeschichte kann vor allem auf die Erwähnung des Königs Herodes, in dessen Tagen Jesus geboren sein soll (2,1), hingewiesen werden. Die Rede vom herodianischen Kindermord (2,16) ist hingegen keine Hilfe. Diese grausame Aktion hat es historisch betrachtet vermutlich nicht gegeben. Sollte es sich im Übrigen beim Mt 2,1-12 erwähnten Stern tatsächlich um ein reales astronomisches Phänomen handeln, was keineswegs sicher ist (vgl. den Beitrag von Tobias Nicklas), dann würde das auf die Jahre 7/6 v. Chr. – in dieser Zeit kam es dreimal zu einer auffälligen Konjunktion der Planeten Jupiter und Saturn – und 5/4 v. Chr. – für diese Jahre haben chinesische Astronomen mehrmals das Erscheinen eines Kometen notiert – verweisen.

In Kombination mit der Herrschaftszeit des Herodes müsste man dann die Geburt Jesu in die letzten Regierungsjahre des Herodes datieren, was zumindest zum Teil zu den Angaben bei Lukas passt und in der heutigen Exegese mehrheitlich als ungefährer Zeitraum für Jesu Geburt angegeben wird. *(Markus Lau)*

Unter der Lupe: Das Weihnachtsevangelium nach Matthäus

Die Kindheitsgeschichte nach Matthäus ist ursprünglich …

… eine Werbung für eine integrative und missionarische Gemeinde. Matthäus war Mitglied einer judenchristlichen Gemeinde. Für diese Gemeinde des 1. Jh. n. Chr. war die Frage nach dem Verhältnis zur heidnischen Umwelt ein komplexes Problem und eine der dringendsten pastoral-praktischen Fragen. Man lebte als Gemeinde vermutlich mitten in Syrien (nach Ulrich Luz), vielleicht in der Hauptstadt Antiochien, und hatte sich aus verschiedenen Gründen von den jüdischen Synagogalgemeinden abgegrenzt (Matthäus spricht meistens kontrastiv von „ihren/euren Synagogen": 4,23; 10,17, 13,54). Innerhalb des nach der Tempelzerstörung (70 n. Chr.) vor allem pharisäisch geprägten Judentums fand man kaum neue Anhänger für die eigene Sache. Umgekehrt erlebte die matthäische Gruppe christliche Gemeinden in der Umwelt, die – etwa im Fahrwasser des Paulus – aktiv und offen auf Heiden zugingen und damit Missionserfolge verzeichneten. Wie sollte man sich in dieser Situation verhalten? Sollte man nicht besser versuchen, innerhalb der Grenzen der eigenen, jüdischen Glaubensgemeinschaft erneut für die eigenen Überzeugungen zu werben? War der Weg zu den Heiden überhaupt opportun und mit der Lehre Jesu und den eigenen Traditionen vereinbar? Und sofern man sich an Heiden wandte: Zu welchen Bedingungen konnten sie Teil der Gemeinde werden? Auf welche jüdischen Gesetze konnte man für sie verzichten? Auch auf die Beschneidung, wie dies in paulinisch geprägten Gemeinden teilweise der Fall war?

Matthäus bezieht zumindest im Blick auf die prinzipielle Möglichkeit der Heidenmission eindeutig Position. Er lässt seine Jesusgeschichte damit enden, dass der auferstandene Jesus seine Schüler beauftragt, zu *allen Völkern* – und das heißt nun eben *auch* zu den *Heiden* – zu gehen und sie durch Taufe und Lehre zu Schülern zu machen (28, 16-20). Matthäus steht mit seinem Evangelium für eine offene, zur Integration heidnischer Jesusanhänger bereite Gemeinde. Für eine solche Heidenmission wirbt Matthäus an vielen Stellen seiner Erzählung – auch in der Kindheitsgeschichte.

Besonders subtil geschieht diese Werbung im Stammbaum Jesu.

Ein Stammbaum mit irregulären Zwischentönen (Mt 1,2-17)

Er ist, mit den Augen der ersten Christen gelesen, in mehrfacher Weise ungewöhnlich. Lukas führt den Stammbaum in 3,38 noch konsequent als vollständige Genealogie bis zu Adam zurück, um dann im letzten Glied der Kette Gott selbst als Urimpuls zu benennen. Doch der matthäische Stammbaum beginnt bei Abraham. Auf Abraham und die „Abrahamssohnschaft" Jesu legt Matthäus besonderen Wert. Schon im ersten Vers des Evangeliums hatte er Jesus als Davids- und Abrahamssohn bezeichnet, obwohl die Wendung „Sohn Abrahams" – im Gegensatz zum messianisch angehauchten Begriff „Davidssohn" – in keiner Weise schillernd ist: Jeder Jude gilt schließlich als Abrahamssohn! Diese Namenstrias (Abraham, David, Jesus) greift Matthäus auch im letzten Vers der Genealogie wieder auf. Die auffällige Akzentuierung des Abraham dürfte mit der besonderen Situation dieser Figur zu tun haben: Gott selbst schließt mit Abraham einen Bund, dessen Zeichen die Beschneidung ist. Abraham ist also kein gebürtiger Jude, sondern insofern der erste Proselyt. Abraham ist eine Art Schwellenfigur, jemand, der als Stammvater Israels wie auch der Proselyten auf der Grenze zwischen dem Judentum und den Völkern steht. Matthäus betont durch die Figur des Abraham im Stammbaum Jesu: Von Anfang an gibt es eine enge, positive Verbindung zwischen Juden und Heiden, die auch für Jesus gilt.

Die matthäische Tendenz, für die Heiden zu werben, setzt sich im Stammbaum fort. Gemeint sind die *vier Frauen*, die den ansonsten patrilinearen Stammbaum durchbrechen: Tamar, Rahab, Rut und „die des Urija" (womit Batseba gemeint ist). Lange ist in der Exegese gerätselt worden, welche Bedeutung ausgerechnet diese vier Frauennamen haben könnten. Matthäus verzichtet ja ganz bewusst auf die Nennung der großen Stammmütter des Volkes Israel: Nach Sara, Rebekka, Lea oder etwa Rahel sucht man vergebens. In der gegenwärtigen Exegese hat sich die Erkenntnis durchgesetzt, dass der gemeinsame Nenner der vier ihre *nichtjüdische Ursprungsidentität* ist. Den entscheidenden Fingerzeig gibt die Benennung der Batseba als „die des Urija", obwohl ihr eigener Name bekannt war. Urija, ihr Mann, war ein Hetiter. Batseba, über deren religiöse Ursprungsidentität man nichts Genaues weiß, wird so in das nichtjüdische Milieu eingeordnet. Eindeutiger ist der Fall bei der Moabiterin Rut und der Kanaaniterin Rahab; Tamar schließlich wird in Teilen der jüdischen Tradition als Proselytin gewertet. Auch hier zeigt sich: Nicht nur der Idealkönig David hatte heidnische Stammmütter, sondern auch der Anfang des Juden Jesus selbst liegt nach Matthäus zu einem guten Teil im Heidentum. Die Vertreter dieses Heidentums werden in der literarischen Welt des Matthäusevangeliums überaus positiv gezeichnet. Allen voran gilt dies für die ersten Gäste der Familie Jesu: die Magier.

Die Magier aus dem Osten: Vorbilder auf dem Weg zu Jesus (Mt 2,1-12)

Mit den Magiern betreten erstmalig Heiden die Bühne der Erzählung. Magier sind nach Auskunft des Schriftstellers Apuleius aus Madauros (2. Jh. n. Chr.), der sich aufgrund einer Anklage wegen Zauberei mit dieser Thematik ausführlich beschäftigen muss, Angehörige einer persischen Priesterkaste, die über ein spezielles religiöses Bildungswissen verfügen (*De Magia* 25,9-11). Allgemeiner gesprochen macht in den Magiern aus dem Osten die „geistige Elite der Heidenwelt" (M. Hengel/H. Merkel) dem Jesuskind seine Aufwartung. Dabei ist die derart positive Charakterzeichnung dieser Magier in Mt 2,1-12 biblisch nahezu singulär. Magier und Magie werden im Alten Testament (vgl. das Magieverbot in Dtn 18,10-12) und im Neuen Testament (speziell Apostelgeschichte) grundsätzlich negativ gezeichnet (vgl. den Beitrag von Tobias Nicklas). Umso erstaunlicher ist die positive Charakterisierung der Magier durch Matthäus. Sie basiert auf einer geschickten Inszenierung: Matthäus kreiert Oppositionen. In Herodes, dem König, und Jesus, dem neugeborenen König, stehen sich zwei „Herrscher" gegenüber, denen jeweils größere Personenkreise zugeordnet werden. Herodes versammelt auf die Frage der Magier nach dem Geburtsort des „Königs der Juden" seine Großen um sich. Diese befragen in gut schriftgelehrter Manier die Tradition, hier das Buch Micha und das zweite Buch Samuel (2,4-6). Aber keiner von ihnen, auch Herodes nicht, handelt und bricht nach Betlehem auf: Sie alle bleiben in Jerusalem. Anders die Magier, die vom Stern – hinter dem Gott selbst steht (vgl. das *Passivum Divinum* in 2,9) – geleitet, sich auf den Weg machen, das Kind finden und ihm durch *Proskynese* (2,11), ein ehrfurchtsvolles Sich-zu-Boden-Werfen, huldigen.

Matthäus zeigt mit diesem etwas holzschnittartigen Arrangement: 1. Auch die Heiden suchen nach Spuren Gottes in dieser Welt, sie „überlassen sich Gottes Führung" (U. Luz) und Gott selbst leitet sie auf diesen Spuren durch den Stern zum Ziel. 2. Die Heiden sind Partner der Juden im Blick auf den Umgang mit der jüdischen Tradition: Sie veranlassen auf der Erzählebene die jüdischen Autoritäten, die eigenen Schriften in neuem Licht zu lesen. Und es sind schließlich 3. die Vertreter des Heidentums, die als Erste den neugeborenen Jesus als König erkennen und ihm durch Proskynese *huldigen*, also das vollziehen, was im Laufe der weiteren Jesusgeschichte zum Charakteristikum vieler Hilfesuchender und der Schüler Jesu selbst wird (vgl. Mt 8,2; 9,18; 14,33; 15,25; 20,20 und vor allem 28,9.17). Insofern sind die Heiden Vorbilder und Wegbegleiter für die Leserinnen und Leser der matthäischen Jesusgeschichte.

Die Absicht des Matthäus und die historischen Fakten

Unübersehbar ist die Werbung, die Matthäus für seine Grundüberzeugung macht, dass die Heidenmission notwendig und richtig ist. In der Kindheitsgeschichte Jesu verweist er auf die jüdisch-heidnisch gemischte Ursprungsidentität Jesu und stellt Angehörige der heidnischen Bildungselite als Identifikationsfiguren auf. In einer großen literarischen Klammer umschließt Matthäus sein Evangelium mit dieser Thematik: vom eröffnenden Rekurs auf den jüdisch-heidnisch gemischten Ursprung Jesu bis hin zum universalen Missionsauftrag Jesu am Ende der Erzählung. Eine christliche Gemeinde, die sich auf Jesus berufen will, ist nach Matthäus integrationsbereit gegenüber anderen. Durch die Heidenmission gewinnt sie eine ursprüngliche, von Gott gewollte Identität zurück. Die Heidenmission steht im besten Einklang mit der eigenen jüdischen Geschichte, die heidnisch durchzogen ist, und steht vor allem im Einklang mit Jesus, der selbst heidnische Wurzeln hat. Teil des auserwählten Volkes Gottes zu sein ist für Matthäus also nicht zuerst eine Frage der Biologie, sondern eine Frage der Einstellung und der Tat – und dies ist es, was am Ende zählen wird (vgl. etwa Mt 7,21-23; 25,1-13).

Es spricht wenig dafür, dass diese matthäische Kindheitsgeschichte eins zu eins historische Fakten überliefert, aber darum geht es auch nicht. Matthäus will hier keine „Deskription des Faktischen" bieten, sondern er „erschließt Bedeutung" (H. Merklein). Er zeigt im Blick auf seine Gemeindesituation, was die erzählten „Fakten" für sein Publikum gut 80 bis 90 Jahre nach der Geburt Jesu bedeuten. Und in diesem Sinne sind die Weihnachtsgeschichten des Matthäus und des Lukas heute so aktuell und bedeutsam wie vor 2000 Jahren. ◄

DAS NICHTCHRISTLICHE EVANGELIUM

„Der Retter ist geboren!"

Eine Inschrift aus Priene spricht die Sprache des Weihnachtsevangeliums. *Von Claudio Ettl*

„… Da die Vorsehung, die unsere Existenz auf göttliche Weise ordnet, mit ehrgeizigem Eifer unser Leben mit dem Vollkommensten ausstattete – indem sie Augustus hervorbrachte, den sie zum Wohl der Menschheit mit Tugend erfüllte und dadurch uns und unseren Nachkommen einen Retter (soter) schickte, der den Krieg beendet und alles neu ordnet: Da der Kaiser durch sein Erscheinen die Hoffnungen all derer übertraf, die vor ihm schon Evangelien (euangelia, „gute Nachrichten") vorweggenommen hatten – denn er überbot nicht nur die Wohltäter (euergetai) vor ihm, sondern ließ auch den künftigen keine Hoffnung auf Steigerung mehr: Da für den Kosmos der Geburtstag des Gottes der Anfang der durch ihn verursachten Evangelien (euangelion) war …: Aus all diesen Gründen wird folgender Beschluss gefasst …"

Manchem Leser mag dieser Text angesichts seiner zahlreichen christlichen Signalworte vertraut vorkommen – wecken doch Begriffe wie *Retter, Evangelien, Geburt eines Gottes* oder *Wohltäter der Menschheit* Assoziationen an das Neue Testament, nicht zuletzt an die Weihnachtsgeschichte. Der oben zitierte Text spricht jedoch nicht über Jesus von Nazaret, sondern über den römischen Kaiser Augustus; er entstammt jener berühmten, auf zwei Steinblöcken gemeißelten griechischen Inschrift, die Ende des 19. Jh. bei Ausgrabungen im kleinasiatischen Priene (in der heutigen Westtürkei) entdeckt und deren besondere Bedeutung seinerzeit sehr schnell erkannt wurde. Zwar waren ähnliche Inschriften vorher schon in anderen Städten (Apameia, Maeonia, Eumenia und Dorylaeum) gefunden worden, erst die umfangreiche und dazu gut erhaltene Priene-Inschrift ermöglichte es jedoch, Näheres über ihren Anlass, die asiatische Kalenderreform des Jahres 9 v. Chr., zu erfahren.

Zeile 32-60 der Kalenderinschrift von Priene auf einem weißen Marmorquader von einem Pfeiler der Nordhalle des Marktes von Priene, heute im Museum Berlin.
Aus: A. Deissmann, Licht vom Osten, Tübingen, 4. Aufl. 1923, Abb. 69

Der Geburtstag des Augustus – eine frohe Botschaft

Die sogenannte „Kalenderinschrift von Priene", sozusagen eine steinerne Ausgabe des Amtsblatts der römischen Provinz Asien, enthält drei Einzeldokumente, die, wie damals üblich, an zentralen Orten der Provinz publik gemacht wurden: Am Anfang steht ein Erlass des Prokonsuls, an den sich zwei formelle Beschlüsse des asiatischen Landtags – der Provinzialversammlung – anschließen. Der Inhalt der Inschrift beschäftigt sich hauptsächlich mit der Umsetzung einer weitreichenden Verwaltungsreform. Im Zuge dieser Reform wurde in der Provinz der (im westlichen Teil des Imperiums bereits verwendete) julianische Kalender eingeführt und der Jahresbeginn auf den Herbstanfang verlegt – eine von der römischen Zentrale verfügte „Globalisierungsmaßnahme" also, mit der u. a. der Dienstantritt der Beamten im Reich vereinheitlicht werden konnte. Dass der als neuer Jahresbeginn festgesetzte 23. September zugleich der Geburtstag des Kaisers war, erleichterte es, dieser administrativen Maßnahme ein religiös-politisches Mäntelchen umzuhängen. Es überrascht deshalb nicht, dass dem Landtagsbeschluss die oben zitierte Einführung vorausgeht, die geradezu devot und in höchsten religiösen Tönen vom *global player* Augustus schwärmt. Denn die *pax Romana*, jene damals trotz mancher Einschränkungen oft als paradiesisch empfundene Zeit des relativen Friedens und der politischen Stabilität, wird besonders mit der Herrschaft des Augustus verbunden. Vielerorts wurden ihm deswegen Dankbarkeit und Ehrungen zuteil.

Der Ursprung des Begriffs „Evangelium"

Aus neutestamentlicher Sicht interessiert die Priene-Inschrift vor allem, weil sie den religionsgeschichtlichen Hintergrund des Begriffs „Evangelium" beleuchtet. Dieser griechische Terminus, der christlicherseits gleichermaßen das Basisdokument wie den Inhalt der Jesusüberlieferung bezeichnet, entstammt ursprünglich der griechisch-rö-

Unterwegs in den Straßen des antiken Priene in der heutigen Türkei. Kurz vor 1900 entdeckte eine deutsche Expedition hier eine fast vollständig erhaltene griechische Inschrift, die Aufschluss über das Wort „Evangelium" geben konnte. © K. Otto

mischen Vorstellungswelt. *Euangelion* meint zunächst einmal jede Art einer guten, frohmachenden Nachricht, sei es die Beendigung eines kriegerischen Konflikts, die Rettung aus Lebensgefahr oder die Geburt eines Kindes. Später begegnet der Begriff (meist im Plural) vermehrt im Kontext des Herrscher- und Kaiserkultes und wird nun für positive Nachrichten aus der Herrschervita verwendet: Zu den Evangelien zählt der Geburtstag des Kaisers ebenso wie seine Machtübernahme, die Genesung von schwerer Krankheit oder ein wichtiger militärischer Erfolg.

Ab dem Ende des 1. Jh. v. Chr. gehört der Begriff Evangelium also – zusammen mit anderen Begriffen wie „Retter" (von Luther als „Heiland" übersetzt) oder „Wohltäter" – zum festen Repertoire der politischen Propaganda, und in diesem Sinne verwendet ihn auch die prienische Inschrift. Es verwundert deshalb nicht, wenn im religiösen und politischen Kontext des Römischen Reichs sozialisierte Autoren wie Markus oder Lukas den Begriff des Evangeliums kennen, ihn aufgreifen – und zugleich für ihre Zwecke umdeuten.

Das Kontrastevangelium von der Geburt Jesu

Liest man vor diesem Hintergrund die lukanische Weihnachtsgeschichte, so kann sie gleichsam als *„ein Stück politischer Theologie in narrativer Form"* (Martin Ebner) entschlüsselt werden. Geschickt wird der Kaiserpropaganda mit ihrem globalen Geltungsanspruch ein Kontrastevangelium entgegengesetzt, das nicht weniger universal verstanden werden will. Hier der Kaiser aus dem Zentrum der Welt – dort das Kind aus der galiläischen Provinz. Hier der Machthaber, dessen Entscheidungen die Welt beeinflussen – dort der Knabe, dessen Geburt die Machtverhältnisse der Welt gründlich verändert (Lk 1,52). Dass die Geburt Jesu mit einer kaiserlichen Verwaltungsmaßnahme (Lk 2,1 erwähnt eine Steuerschätzung des Augustus) in Zusammenhang gebracht wird, zwingt die Leser geradezu, beide „Heilande" (Lk 2,11) nebeneinanderzustellen.

Zum Vergleich:
Die freudige Nachricht der Geburt Jesu im Lukasevangelium

„... der Engel aber sagte zu ihnen [den Hirten]: Fürchtet euch nicht, denn ich verkünde euch eine große Freude, die dem ganzen Volk zuteil werden soll: Heute ist euch in der Stadt Davids der Retter (soter) *geboren; er ist der Messias, der Herr. Und das soll euch als Zeichen dienen: Ihr werdet ein Kind finden, das, in Windeln gewickelt, in einer Krippe liegt. Und plötzlich war bei dem Engel ein großes himmlisches Heer, das Gott lobte und sprach: Verherrlicht ist Gott in der Höhe und auf Erden ist Friede bei den Menschen seiner Gnade." (Lukas 2,10-14)*

KALENDER UM DIE ZEITENWENDE

Bis zur Mitte des 1. Jh. v. Chr. herrschte im Römischen Reich ein ziemliches Durcheinander verschiedener Kalender. Vorherrschend waren Mondkalender. Erst Julius Cäsar führte 46 v. Chr. zunächst als Kalender für die Stadt Rom den „julianischen Kalender" mit 365 Tagen und Schaltjahren ein. Im Westteil des Reiches setzte sich dieser Sonnenkalender bald durch.
Kaiser Augustus übernahm diese Reform 9 v. Chr. auch für den Ostteil des Reiches. Dabei wurden überzählige Schaltjahre korrigiert. Außerdem wurde als Jahresbeginn und Geburtstag des Augustus der Tag der Wintersonnenwende (23.9.) gefeiert. Dies war nicht ungewöhnlich, da viele Städte damals Sonnenwenden als Datum des Jahresbeginns festlegten. Eine einheitliche Regelung gab es nicht. Bis heute halten die „Altkalendarier" der orthodoxen Kirche (russische, serbische und jerusalemische Kirche) für die Terminierung ihrer Feiertage an diesem Kalender fest. Dadurch erscheinen die Feste um 13 Tage nach hinten verschoben (vgl. auch Kasten S. 53). *wb/wub*

Beider Geburtstag wird als Evangelium und beider Wirken als Grund des Friedens gefeiert. Der eine wird durch staatliche Herolde, offizielle Inschriften und regionale Ehrungen multimedial verherrlicht, der andere durch himmlische Boten (Lk 2,10) und einfache Hirten (Lk 2,15ff). Hier der Oberbefehlshaber der irdischen Weltmacht – dort das Kind mit dem himmlischen Heer (Lk 2,13). So dient auch die Weihnachtsgeschichte der Propaganda, einer subtilen und subversiven Gegen-Propaganda zum Universalanspruch des Römischen Reichs.

Die Kalenderinschrift von Priene zeigt, welche politisch-religiöse Bedeutung im Begriff „Evangelium" anklingt. Vor diesem Hintergrund sind die kritischen Zwischen- und Untertöne seiner christlichen Verwendung nicht zu überhören. So erhält die Weihnachtsgeschichte ihren Platz jenseits allen weltfremd-verklärenden Kitsches mitten im konkreten Leben der Welt. ◀

VON DEN MAGIERN AUS DEM OSTEN ZU DEN HEILIGEN DREI KÖNIGEN
Die Karriere der Weisen

Die drei Könige Kaspar, Melchior und Balthasar gehören zum Stammpersonal jeder Krippendarstellung. Doch ihre Tradition hat sich im Lauf der Zeit von jeder biblischen Grundlage gelöst und verselbstständigt. *Von Tobias Nicklas*

Die drei Lebensalter

Die drei Magier, die sich auf den Weg zur Krippe machen, wurden auch zu Symbolen für den menschlichen Lebensweg zu Gott. Schon früh stellten die Künstler die Magier in drei Lebensaltern dar, die die Reifegrade des inneren, spirituellen Weges symbolisieren. Der erste König ist ein bartloser Jüngling, der zweite ein reifer Mann und der dritte ein Greis.

MAGOI (griechisch)
wird übersetzt mit Weiser, Sterndeuter oder Magier.

Wenn im Religionsunterricht, in der Predigt, ja selbst an der Universität Mt 2,1-12 zur Sprache kommt, dann muss häufig erst das Missverständnis aufgeklärt werden, dass die Bibel hier nicht von „heiligen drei Königen" erzählt, sondern einfach von Magiern oder Sterndeutern – sie sind weder „drei" noch „Könige" und Namen tragen sie auch nicht. Schließlich spielen die *Könige* Kaspar, Melchior und Balthasar eine solch große Rolle in der christlichen Volksfrömmigkeit, dass sie meist ganz selbstverständlich als Teil der neutestamentlichen Weihnachtsgeschichten angesehen werden. Zwar wurzeln die Traditionen über „drei Könige" im biblischen Text, doch haben sie sich erst nach einer langen Auslegungsgeschichte durchgesetzt, die keineswegs überall in gleicher Weise verlaufen ist.

Was also sagt die Bibel selbst über diese Gestalten, und wie erklärt sich die Entwicklung von „Magiern" zu „heiligen drei Königen"?

Wer sind die Magier?

Mt 2 spricht davon, dass *magoi* aus dem Osten nach Jerusalem kommen, wo sie Herodes um Auskunft über den neugeborenen König der Juden bitten. Die Übersetzungen des Neuen Testaments tun sich schwer mit der Bedeutung des Wortes *magos*: Während das Münchener Neue Testament von „Magiern" spricht, übersetzt die revidierte Lutherbibel mit „Weise", und die Einheitsübersetzung spricht von „Sterndeutern". Das Wort *magos* hatte in der Antike tatsächlich sehr unterschiedliche Bedeutungen. Besonders aufschlussreich ist die Verteidigung des Schriftstellers und Philosophen Apuleius (125-170 n. Chr.) gegen den Vorwurf der Zauberei. Apuleius gibt in seiner Verteidigung grundsätzlich zwei verschiedene Definitionen dessen, was ein Magier sein kann: Zwar sei ein Magier im Volksmund jemand, der durch seine Gemeinschaft mit unsterblichen Gottheiten (oder dämonischen Mächten) über Zauberkräfte verfüge, die ihm alles ermöglichten, was er sich wünsche, zunächst aber bezeichne der Begriff einen persischen Priester oder eine Person, die für die Erziehung der persischen Prinzen zuständig sei. Die beiden Bedeutungen scheinen auf den ersten Blick nichts miteinander zu tun zu haben – auf den zweiten Blick aber wird deutlich, dass es in beiden Fällen um Personen geht, die erstens über ein Wissen verfügen, das nicht jedermann zu-

Der Zug der der Magier. Das Mosaik in Sant'Apollinare Nuovo in Ravenna aus dem 6. Jh. zeigt die drei Magier in persischer Kleidung, mit phrygischen Mützen und eng anliegenden, mit gestickten Bändern verzierten Hosen. Die Inschrift ist einer der ältesten Belege der Namen „Balthassar, Melchior, Gaspar". Nach syrisch-mesopotamischer Manier bieten zwei der Männer ihre Gabe mit vom Mantel verhüllten Händen dar, ein Zeichen der Hochachtung und Verehrung. Ihre Hauben könnten sie eventuell als Mithras-Priester ausweisen. Zum Zeitpunkt der Geburt Jesu war der Mithraskult im Römischen Reich weit verbreitet. © akg

gänglich ist, und die zweitens dieses Wissen aufgrund ihrer Verbindung mit übernatürlichen Wesen oder aus nicht allgemein zugänglichen, womöglich „heiligen" Schriften erhalten, die wiederum auf geheime Offenbarungen zurückgehen.

Fast immer werden Magier in der Bibel negativ gezeichnet:

- **Ex 7,1-9,11**: Die Magier und Beschwörer des Pharao wetteifern mit Mose und Aaron im Vollbringen von Zauberkunststücken. Sie unterliegen den vom Gott Israels Beauftragten.
- **Num 22; Neh 13,2**: Der Magier Bileam soll die Israeliten verfluchen, aber Gott verwandelt den Fluch in Segen.
- **Dan 1,2**: Daniel und seine Freunde sind klüger als alle Magier im Reich Nebukadnezzars.
- **Dan 2,2**: König Nebukadnezzar verlangt von seinen Magiern und Sterndeutern eine Erklärung seines Traums. Diese scheitern jedoch.
- **Apg 8,9**: Der berühmte Zauberer und Magier Simon bekehrt sich und lässt sich taufen.
- **Apg 13,6**: Ein Jude namens Barjesus tritt als Magier und falscher Prophet auf. Er wird von Gott mit Blindheit gestraft.
- **Apg 19,13**: Jüdische Dämonenbeschwörer gebrauchen christliche Formeln.

Die „Magier" der matthäischen Weihnachtsgeschichte jedoch werden positiv dargestellt – und so ist zunächst einmal daran zu denken, dass es sich – in Anlehnung an die Aussagen des Apuleius – um besonders gebildete, an Naturereignissen interessierte Astrologen, eventuell wirklich mit persischem priesterlichem Hintergrund, handelt. Man sollte hier aber mit historischen Spekulationen nicht zu weit gehen – der Text ist keineswegs daran interessiert, historische Ereignisse zu berichten. Ihm geht es um die erzählerische Verarbeitung einer theologischen Botschaft. Von daher ist es viel wichtiger, die Funktion der „Magier" innerhalb dieser Erzählung zu erhellen. In jedem Falle handelt es sich um „Nichtjuden", wie schon ihre Frage nach dem „neugeborenen König *der Juden*" (Mt 2,2) offenbart. Mit den Gaben, die sie bringen, Gold, Weihrauch und Myrrhe, symbolisieren sie die Völker auf ihrer endzeitlichen Wallfahrt zum Zion (vgl. Jes 60, besonders 60,6) – mehr lässt sich über sie kaum sagen.

Das Neue Testament kennt viele Gestalten, die in einer kurzen, aber wichtigen Szene auftauchen, um dann genauso schnell wieder im Dunkel zu verschwinden. Die damit entstehenden (vermeintlichen) Leerstellen in biblischen Szenen – vor allem um Jesu Kindheit und Geburt, aber auch um seine Passion – haben von jeher Ausleger gereizt, die Erzählungen weiterzudichten und mit mehr Details auszugestalten, als in den biblischen Erzählungen zu finden sind. Dies zeigt sich auch an der weit verbreiteten Tendenz, unbenannten Gestalten der Bibel Namen zu geben: So wird aus der blutflüssigen Frau (Mk 5,24-34 par) in einigen Texten Berenike oder Veronika; die Syrophönizierin, deren Tochter Jesus heilt (Mk 7,24-30 par), erhält den Namen Justa; der Reiche aus dem Gleichnis vom Reichen und dem armen Lazarus (Lk 16,19-31) wird mit dem Namen „Ninive" bedacht; die beiden Schächer am Kreuz erhalten in Teilen der Tradition die Namen Dysmas bzw. Demas und Gestas (Lk 23,32.39-42); der Hauptmann unter dem Kreuz wird zu Longinus (Mk 15,39 par). Ähnliches geschieht auch mit den „Magiern".

Die Namen Kaspar, Melchior und Balthasar

Noch relativ leicht lässt sich erklären, warum man meistens von drei Personen spricht – diese Zahl entspricht einfach den drei Gaben Gold, Weihrauch und Myrrhe, die sie dem Kind schenken. Vielleicht liegt eine Assoziation an den Besuch der drei Männer vor, die Abraham die Geburt Isaaks ankündigen (Gen 18). In den verschiedenen Auslegungstraditionen variiert die Zahl der Magier. Vor allem im christlichen Osten, etwa in Syrien, konnte auch von zwölf Magiern die Rede sein.

Schon im 3. Jh. hatte Origenes den Geschenken der Magier jeweils einen besonderen Sinn zugeordnet, was zahlreiche Theologen übernahmen. Im Gold sah man das Königtum Christi, im Weihrauch seine Gottheit und in der Myrrhe, dem Duftharz, mit dem man die Körper der Toten einbalsamierte, eine Ankündigung seines Todes.

Wie es zu den zumindest im kirchlichen Westen ab dem Mittelalter verbreiteten Namen Kaspar, Melchior und Balthasar kam, lässt sich dagegen nicht mehr nachvollziehen. Zu den ältesten erhaltenen Zeugnissen gehört ein Mosaik in der Kirche Sant' Apollinare Nuovo in Ravenna (6. Jh., Abb. S. 25), in dem die Namen der drei Heiligen „Balthassar, Melchior und Gasper" begegnen. Dabei dürfte sich der Name „Kaspar" aus dem indischen *Gundafor* entwickelt haben – von einem indischen König dieses Namens ist auch in den apokryphen *Thomasakten* (Kap. 17-29) die Rede. Balthasar wiederum entspricht wohl dem aramäischen *Beltschazzar*, d. h. dem Namen, den Daniel am babylonischen Hof erhält (Dan 1,7; 2,26; 4,5.6.15.16; 5,12; 10,1). Der Name Melchior schließlich dürfte für das hebräische „König des Lichts" oder den Satz „mein König ist Licht" stehen. Die Ursprünge dieser Tradition lassen sich heute nicht mehr mit Sicherheit erhellen – sie dürfte aber deutlich älter als die Mosaiken von Ravenna sein. Die Namen setzten sich zumindest im lateinischen Westen im Mittelalter weitgehend durch, obwohl noch immer interessante Ausnahmen wie Jacques d'Ausoles bekannt sind, der die Magier aus dem Osten mit drei alttestamentlichen Gestalten – nämlich Henoch, Elija und Melchisedek – identifizierte. Aus den östlichen Kirchen Syriens, Ägyptens, Georgiens, Armeniens oder Äthiopiens sind verschiedene andere Namenslisten, teils verbunden mit Beschreibungen der „Magier", bekannt. Unter den apokryphen Schriften, die die Magier nennen, ist das Protevangelium des Jakobus aus dem 2. Jh. die älteste. Die Legenden wimmeln von zusätzlichen Geschichten.

Dass es dabei auch exegetische Eingriffe gab, zeigt sich beispielsweise an der syrischen „Schatzhöhle", einem apokryphen Text, der eine Art Weltgeschichte von der Schöpfung bis zur Kreuzigung Jesu von Nazaret bietet. Er ist dem weiteren Kreis der apokryphen Literatur zu Adam und Eva zuzuordnen. Die drei werden hier als „Könige" bezeichnet, die aus den Ländern Persien, Saba und Seba kommen. Darin wird Jesus als der erwartete Friedenskönig interpretiert, dem laut Ps 72,10 die Könige von Tarschisch, Saba und Seba ihre Gaben schenken (vgl. auch Jes 60,6-9). Da Tarschisch aber wohl auf der Iberischen Halbinsel zu lokalisieren ist, muss es durch ein möglichst mächtiges Land im Osten ersetzt werden. In der Legende von der Schatzhöhle wird auch erzählt, die Magier hätten das Gold, den Weihrauch und die Myrrhe gefunden, die Adam und Eva in einer Höhle für den Tag versteckt hatten, an dem der Stern aufgehen werde. Im 13. Jh. nahm Jacobus de Voragine einen Teil dieser Geschichten in seine *Legenda aurea* auf.

Es zeigt sich also: Auch manche Gestalt, die im biblischen Text nur eine Nebenrolle einzunehmen scheint, kann eine vielfältige Rezeptionsgeschichte erfahren. Dabei spielen nicht immer nur menschliche Neugier und Phantasie eine Rolle – manches Element späterer Legendenbildung verdankt sich durchaus auch kluger exegetischer Überlegung. ◂

LESETIPP

Thomas Holtmann, Die Magier vom Osten und der Stern. Mt 2,1-12 im Kontext frühchristlicher Traditionen, Marburg 2005

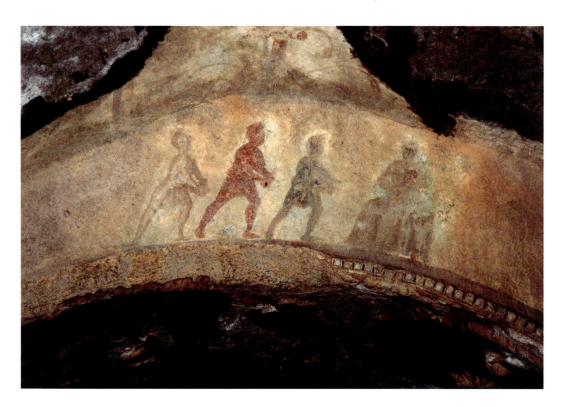

Die Anbetung der Magier, eine der frühesten Darstellungen. Die Magier sind in der antiken Haltung dargestellt, in der Untergebene einem siegreichen König huldigen (rechts die sitzende Maria mit dem Kind). Frühchristliches Fresko aus der 2. Hälfte des 2. Jh. Priscilla-Katakombe, Rom.
© akg / Pirozzi

Die Anbetung der Könige von Fra Angelico, um 1450. Das schwarze Türloch hebt besonders deutlich die leuchtenden Körper der Jungfrau und des Kindes hervor – „das Licht leuchtete in der Finsternis", heißt es im Johannesevangelium. Die offene Tür erweckt den Eindruck, als sei das Geheimnis der Krippe soeben aus ihr heraus ins Licht getreten. Fra Angelico stellt die Magier-Könige in den drei Lebensaltern dar. Malerei auf Holz, 5. Tafel einer Reihe von Szenen aus dem Leben Christi. © akg

Die drei Könige in der Kunst

Die Maler ließen sich in reichem Maß von den Legenden rund um die Erzählung des Matthäus anregen. Auch in der Bildhauerei hat die von Legenden umrankte Geschichte der Magier ganze Erzählzyklen inspiriert, so etwa den an der Kathedrale von Amiens (s. Abb. S. 29).

Die ersten Darstellungen gehören der Katakombenkunst an und sind Teile der Geburtsszene Christi. Die noch namenlosen Magier tragen ihre Geschenke auf einfachen Schüsseln vor die Jungfrau und das neugeborene Kind. Diese Darstellung ist von der römischen Kunst inspiriert: Die Geste der Könige ist diejenige der Vertreter der besiegten Völker, die dem Eroberer ihren Tribut darbieten. Nach und nach wird die Anbetung dann zum eigenen Thema, das die Maler besonders schätzen. Es ist der Kontrast zwischen der Armut der Krippe und dem Prunk der orientalischen Weisen, der sie fasziniert. In den Darstellungen dieser Szene äußert sich eine Traumvorstellung vom Orient mit exotischen Tieren, Kamelen, Bären, Affen, einem malerisch gekleideten Gefolge und Magiern in Phantasiekostümen, die dem verschwenderischen Geschmack der Mäzene entsprachen.

In den Anfängen der christlichen Kunst erscheinen die Magier nicht mit dem Aussehen von Königen, sondern als Weise, die den Himmel und seine Geheimnisse erforschen. Sie werden in persischer Kleidung abgebildet, wie etwa im 6. Jh. auf den Mosaiken von Ravenna (S. 25). Ihre Zahl schwankt zwischen zwei und acht. Die Tradition, es seien drei gewesen, bildet sich sehr früh, weil Matthäus drei Geschenke nennt. Aber es steht ja nicht geschrieben, jeder habe ein Geschenk getragen!

Im 9. Jh. werden aus den Astrologen in persischer Kleidung Könige mit Kronen, die ihre Geschenke in Ziborien oder Kelchen aus kostbarem Metall darbieten. Die Vorstellung, es seien Könige gewesen, ist bei Cäsar von Arles im 6. Jh. bezeugt, der Jesaja 60,3 so deutete: *„Völker wandern zu deinem Licht und Könige zu deinem strahlenden Glanz."* Im Hochmittelalter findet man dann durchgehend die Namen Kaspar, Melchior und Balthasar. Besonders ab dem 15. Jh. werden sie zu Symbolen der Rassen der drei damals bekannten Erdteile Asien, Afrika und Europa. Die Maler hatten nun keine Bedenken mehr, einen schwarzen Menschen abzubilden. Die schönsten Beispiele dafür sind die Anbetungsszenen von Hieronymus Bosch (s. S. 49) und Albrecht Dürer.

Die Künstler geben den Magiern unter dem Einfluss sich bildender Legenden schon früh noch eine weitere Symbolik: Sie stehen für die drei Lebensalter. Und im Lauf des Mittelalters inspirieren die szenischen Aufführungen von der Huldigung der drei Magier, die man in den Kirchen veranstaltet, die Künstler zu einer weiteren Modifikation der Darstellung: Ab dem 12. Jh. erhalten die Gesten der drei Personen eine je eigene feste Form und sie werden anders angeordnet. Jetzt stehen sie nicht mehr hintereinander und es hält nicht mehr jeder seine Gabe auf die gleiche Art, sondern sie sind nebeneinander oder im Halbkreis angeordnet, und zwar der erste Magier kniend, der zweite auf den Stern zeigend und der dritte stehend mit seinem Geschenk in Händen. Die Skulptur am Portal von Saint-Trophime in Arles bezeugt diesen Einfluss des liturgischen Theaters. Diese neuen Gesten werden zum gängigen Vorbild für die gesamte abendländische Malerei. ◀ *(wb/wub)*

DAS BILEAM-ORAKEL UND DER STERN IN MATTHÄUS 2,1-12

Ein Stern geht auf ... über Betlehem?

Allein das Matthäusevangelium erzählt die seltsame Geschichte von einem Stern, der Magiern aus dem Orient den Weg nach Betlehem weist. Dieser Stern sollte zu dem Weihnachtssymbol schlechthin werden. Als Baumschmuck und Zimtstern zeugt er heute auf sanfte Weise davon, dass sich in Palästina etwas Bedeutsames abgespielt hat. Doch hinter dem Motiv steckt mehr als ein harmloser Wegweiser.
In der Zeit des Evangelisten entwickelt es geradezu politischen Sprengstoff. Denn vor dem Hintergrund des Bileam-Orakels aus dem Alten Testament (Num 24,17) wird der Stern zum Symbol eines Herrschaftswechsels. *Von Tobias Nicklas*

Die drei Magier und der Stern von Betlehem. Die vierte Person, die auf den Stern zeigt, könnte der Prophet Bileam sein, dessen Weissagung *„ein Stern geht in Jakob auf"* sich hier vor den Augen der Magier erfüllt. Skulptur an der Westfassade der Kathedrale von Amiens (Frankreich), 13. Jh., rechtes Portal. © akg / Jean-Paul Dumontier

Matthäus erzählt davon, dass Magier gesehen haben, wie der Stern des „neugeborenen Königs der Juden" (Mt 2,2) aufgegangen ist. Geschickt lässt der Evangelist die Weisen scheinbar den Falschen befragen, nämlich Herodes, den von den römischen Herrschern abhängigen König in Jerusalem. Doch – auch wenn die Weisen in der Erzählung von Herodes keine Antwort erhalten – haben sie mit ihrer Botschaft genau den Richtigen getroffen: Herodes erschrickt, weil er erkennt, dass der Stern auf das Kommen des endzeitlichen Messias-Königs verweist. Der Vasallenherrscher fühlt seine Macht in Frage gestellt. Die Hohen Priester und Schriftgelehrten des Volkes bestätigen dies mit Hilfe eines Erfüllungszitats, das aus Micha 5,1.3 und 2 Sam 5,2 kombiniert ist: *„Du, Betlehem im Gebiet von Juda, bist keineswegs die unbedeutendste unter den führenden Städten von Juda; denn aus dir wird ein Fürst hervorgehen, der Hirt meines Volkes Israel."* Die Magier finden tatsächlich den neuen König, Jesus, den das Matthäusevangelium gleich zu Beginn als „Sohn Davids" und „Sohn Abrahams" bezeichnet (Mt 1,1). Sie huldigen ihm mit Gaben, die laut Jes 60,6 bei der Völkerwallfahrt nach Jerusalem dem Herrn dargebracht werden: *„Alle kommen von Saba, bringen Weihrauch und Gold und verkünden die ruhmreichen Taten des Herrn."*

Gewarnt durch einen Traum, folgen sie nicht der Bitte des Herodes, ihm den Geburtsort des Kindes zu verraten, sondern kehren direkt in ihr Land zurück. Damit wird dem politischen Herrscher der Zugriff auf den neuen König verwehrt.

Das Bild des Sterns

Was aber hat es mit dem Bild des „Sterns" auf sich? Und warum kann der Text wie selbstverständlich das „Aufgehen des Sterns" mit der Geburt des „Königs der Juden" (Mt 2,2) verbinden?

Die Antworten auf diese Frage sind vielfältig. Drei Deutungsversuche:

1. Die astronomische Lösung
Am einfachsten erscheint zumindest auf den ersten Blick die Antwort, dass bei der Geburt Jesu tatsächlich ein großartiger Stern erschien, der die Magier dazu führte, nach Jerusalem zu reisen. So wird gerne auf den Astronomen Johannes Kepler (1571-1630) verwiesen, der berechnete, dass es um das Jahr 7-6 v. Chr. tatsächlich eine Konjunktion der Planeten Jupiter, Saturn und Mars gab. Diese Konstellation – oder auch andere kosmische Phänomene – werden seit Jahrhunderten immer wieder mit dem Stern aus Mt 2 in Verbindung gebracht (vgl. die entsprechenden Titel in den Büchertipps, S. 68f). Natürlich ist es nicht völlig ausgeschlossen, dass tatsächlich in den Monaten oder Jahren um Jesu Geburt besondere Sternenkonstellationen festzustellen waren, an die man sich später erinnerte. Trotzdem hilft uns diese Antwort kaum weiter. Dass die Erzählung uns nicht in erster Linie mit historischen Ereignissen konfrontieren möchte, zeigt sich schon daran, dass das Matthäusevangelium den Stern ausdrücklich als vor den Magiern von Norden nach Süden ziehenden Wunderstern (2,9) zeichnet. Dies jedoch ist astronomisch nicht denkbar. Vor allem aber geht eine solche Antwort völlig an der Frage vorbei, was das Motiv des aufgehenden Sterns mit der Geburt des (messianischen) Königs der Juden zu tun haben soll.

2. Die Geburt eines „Stars" wie Alexander
Etwas weiter hilft die antike römisch-griechische Literatur, in der man die Geburt großer Persönlichkeiten manchmal mit astralen Erscheinungen oder Sternenkonstellationen in Verbindung gebracht hat. Besonders interessant in diesem Zusammenhang ist die Erzählung von der Geburt Alexanders des Großen im Alexanderroman des Pseudo-Kallisthenes (2. oder 3. Jh. n. Chr.). Während Alexanders Mutter Olympias in den Wehen liegt, beobachtet der Ägypter Nektanebo den Stand der Sterne und beeinflusst diesen durch magische Kräfte. Die Geburt des Kindes wird so lange hinausgezögert, bis die Konstellation der Gestirne anzeigt, dass jetzt der Weltherrscher geboren wird. Der genauere Vergleich mit dem Matthäusevangelium aber bringt auch deutliche Unterschiede ans Licht: Weder ist

Die Anbetung der Magier. Anders als bei ähnlichen Darstellungen steht im Mittelpunkt des Bildes nicht das Jesuskind, sondern der (unscheinbare) Stern, der die Bedeutung dieser Geburt anzeigt. Unwillkürlich folgen die Augen dem Fingerzeig nach oben. Anonymer Meister um 1402, Cividale (Italien), Archäologisches Museum. © Coll. Roger-Viollet

das Matthäusevangelium an der Konstellation der Gestirne interessiert, noch schimmert hier irgendwo der Gedanke durch, dass die Geburt des Messias in Betlehem von einer bestimmten Sternenkonstellation abhängig sei. Auch andere Texte helfen nur eingeschränkt weiter. So erzählt etwa Pompejus Trogus in seiner „Philippischen Geschichte", dass sowohl die Geburt des späteren Königs Mithridates IV. Eupator als auch sein Regierungsantritt von großen himmlischen Phänomenen begleitet waren. Der Text allerdings spricht nicht von einem (oder gar „seinem") Stern, sondern von einem Kometen, der siebzig Tage lang den Himmel erfüllt und dessen Glanz die Sonne in den Schatten stellt. Erneut zeigt sich die Eigenständigkeit der matthäischen Darstellung. Matthäus erinnert an das Aufgehen des Sterns, bezeichnet diesen als „seinen", d. h. Jesu Stern, ohne aber von seiner Größe oder Helligkeit zu sprechen. Zudem ist nur bei Matthäus davon die Rede, dass sich Menschen auf den Weg machen, um mit Hilfe des Sterns den König der Juden zu finden.

3. Deutung mit dem Bileam-Orakel

So ist es wohl am sinnvollsten, das Motiv vom Stern mit Hilfe von Texten zu erklären, die sich in der Bibel selbst finden. In diesem Zusammenhang wird auf das Orakel des Bileam verwiesen, besonders auf den folgenden Satz: *„Ein Stern geht in Jakob auf, ein Zepter erhebt sich in Israel"* (Num 24,17). Dass dieser Text in frühjüdischer Zeit immer wieder als Vorankündigung eines Messias interpretiert wurde, ist aus verschiedenen Quellen, unter anderem aus Qumran, belegt. Trotzdem ergibt sich ein Problem, das bis heute kontrovers diskutiert wird. Während etwa das Erfüllungszitat in Mt 2,6 als solches deutlich markiert ist, verweist der Autor beim Anfang der „Magiergeschichte" (Mt 2,1-2) nicht auf einen möglichen Hintergrund aus dem Alten Testament. Zudem lassen sich kaum wörtliche Parallelen zwischen Mt 2,1-12 und Num 24,17 finden. Verbindungen könnte man entdecken in den Worten „Stern" und „Aufgehen" oder in der Tatsache, dass die Magier genau wie Bileam aus dem Osten kommen. Ein sicherer Nachweis, dass der Autor des Textes Mt 2,1-12 wirklich an Num 24 dachte aber ist unmöglich, wenngleich sinngebende Anspielungen auf andere Texte (auch ohne ausdrückliches Zitat) aus vielen biblischen Texten bekannt sind. Interessant bleibt allerdings die Frage, ob sich aufgrund einer

OPPOSITIONEN IN MT 2,1-12

König Herodes	⟷	neuer König d. Juden
Jerusalem	⟷	Betlehem
Juden	⟷	Heiden (Magier)

verehren

Deutung von Mt 2,1-12 vor dem Hintergrund des Bileam-Orakels neue Aspekte für das Verständnis der Magiererzählung des Matthäusevangeliums ergeben. Dazu möchte ich zunächst einmal die Szenerie bei Matthäus in den Blick nehmen:

Eine kontrastreiche Geschichte

Mt 2,1-12 lebt von Oppositionen. Einerseits ist die Rede von König Herodes, dem illegitimen König Israels, andererseits spricht der Text vom angekündigten Herrscher, dem „Hirten meines Volkes Israel" (Mt 2,6) und spielt damit auf 2 Sam 5,2 an. Von Anfang an verkündigt Mt Jesus als den Christus, als den Herrscher aus dem Hause Davids: Bereits in der Genealogie (1,1-17) verankert er Jesus in der Geschichte Israels – mit besonderem Verweis auf David und Abraham. Eine zweite Opposition ist mit der ersten verwoben: Herodes ist der Repräsentant Jerusalems, des Ortes, an den sich die „Magier" als Erstes begeben, wo sie den neugeborenen König aber nicht finden. Jesus wiederum steht für Betlehem, die Stadt Davids. Die Magier stehen zunächst außerhalb dieser Opposition. Ihre Frage nach dem „König der Juden" aber offenbart ihre nichtjüdische Perspektive – und weist auf eine dritte Opposition: die zwischen Juden und Nichtjuden. Matthäus macht deutlich, dass die Magier das Aufgehen des Sterns mit der Geburt des „Königs der Juden" in Verbindung bringen. Diesem König wollen sie huldigen.

Sinngebung im Bileam-Orakel

*„Ein Stern geht in Jakob auf,
ein Zepter erhebt sich in Israel."* (Num 24,17)
Die Bibelstelle wird vor allem dann zu einem plausiblen Hintergrund des Textes, wenn die beiden Ereignisse dieses Parallelismus logisch verbunden werden. Wenn ein Stern in Jakob aufgeht, dann erhebt sich ein Zepter in Israel. Jesus ist der neugeborene messianische König, dessen Zepter sich erhebt, wenn der Stern aufgeht.

Anders als viele Autoren halte ich es nicht für sinnvoll, die positive Figur der Magier mit der Person des Bileam in Verbindung zu bringen. Denn Bileam interpretierte man im antiken Judentum meist als negative Gestalt. Ich denke auch nicht, dass die Rolle des Herodes bei Matthäus der des Moabiterkönigs Balak im Text von Numeri entspricht. Die Oppositionen innerhalb der Erzählung machen vielmehr klar, dass Herodes, der illegitime König, als Rivale des neugeborenen Messias-Königs zu gelten hat. Dann ist es vielleicht sinnvoller, den *Idumäer* Herodes mit *Edom*, dem Feind Israels (Num 24,18),

Dass sich Menschen auf den Weg machen, um mit Hilfe eines Sterns den König zu finden, das gibt es nur im Matthäusevangelium

Die Magier folgen dem Stern von Betlehem. Bildpostkarte nach Aquarell von Paul Hey (1867-1952), aus einer Reihe von Karten für das Deutschtum im Ausland. © akg

zu identifizieren. Der Text möchte dann sagen, dass die Macht des Herodes ein Ende finden wird, sobald das angekündigte Zepter sich in Israel erheben wird. Gleichzeitig wird Israel „mächtig und stark" (24,18b), was sich ebenfalls in der matthäischen Erzählung erkennen lässt: Als die Magier den Stern wieder entdecken, sind sie von großer Freude (Mt 2,10) erfüllt. Geführt durch den Stern finden sie das Haus und huldigen dem Kind mit Gaben, die dem endzeitlichen Heilskönig bei der eschatologischen Völkerwallfahrt (Jes 60) zustehen.

Israel und die Völker

Vielleicht könnte diese Interpretation der Szene auch etwas im Hinblick auf das Israel-Bild des Matthäusevangeliums aussagen: Die Magier stehen für die Nationen, die den neugeborenen König der Juden zu verehren beginnen, den Messias Israels, dessen Wurzeln im Königshaus Davids zu finden sind. Was die Vertreter der Völker alleine durch das Aufgehen des Sternes erkennen, entgeht den Hohen Priestern und Schriftgelehrten trotz ihrer Kenntnis der Schrift. Dies könnte durchaus als antijüdische Spitze verstanden werden. Wenn Mt 2 aber wirklich vor dem Hintergrund der Bileam-Balak-Szene interpretiert wird, darf auch nicht übersehen werden, dass diese Szene immer wieder davon spricht, dass Israel von Gott gesegnet ist (Num 23,8; 24,1a.9b) und keine Macht der Welt diesen Segen entfernen kann. Über Israel findet er seinen Weg zu den Völkern.

Die Botschaft des Sterns

Mt 2,1-12 möchte also nicht in erster Linie historische Fakten mitteilen. Es handelt sich um eine höchst subtile Erzählung, in der eine theologische Botschaft transportiert wird: Jesus von Nazaret ist der wahre, für die Endzeit erwartete König Israels. Die Magier aus dem Osten erkennen dies. Ihre Gaben erinnern an die Hoffnungen Jesajas auf die endzeitliche Wallfahrt der Völker zum Berg Zion, die nun ihren Anfang nimmt. Vor dem Hintergrund des Bileam-Orakels steht das Aufgehen des Sterns dafür, dass der Messias-König nun eine Herrschaft antritt, die jede irdische Macht ablöst. ◄

WEIHNACHTLICHE MOTIVE AUS DEM ALTEN TESTAMENT

„Wie es geschrieben steht"

Von einer Jungfrau in Betlehem geboren, nach Ägypten geflohen und von dort zurückgerufen – Matthäus und Lukas kleiden wichtige Aussagen über Jesus, den Christus, in fantasiereiche Erzählungen von der Kindheit Jesu. Es geht nicht darum, *was* wirklich *war*, sondern *wer* Jesus *ist*: die Erfüllung der Hoffnungen der Heiligen Schrift. Diese Heilige Schrift, die den Evangelisten vorlag, wurde dann zum ersten Teil der christlichen Bibel, zum Alten Testament.
Von Thomas Hieke

Die Flucht nach Ägypten, Buchmalerei aus der lateinischen Handschrift eines Stundenbuchs, das in Lisieux benutzt wurde. Pergament, Mitte 15. Jh. © akg

Ein Plakat kündigt den Auftritt eines großen Opernstars, ein Orgelkonzert oder eine wichtige Kundgebung an – viele schauen es an, es findet große Beachtung. Doch nach dem Ereignis ist seine Zeit abgelaufen, das Plakat wird abgerissen und entsorgt. Bisweilen scheint es mit dem Alten Testament ähnlich zu sein: Es kündigt das Kommen des Messias an. Das ist nach Auffassung der Christen mit Jesus von Nazaret erfolgt – und so könnte man meinen, das Alte Testament sei erledigt wie ein altes Plakat. Ist das wirklich gemeint, wenn das Matthäusevangelium (Mt) von der *„Erfüllung der Schrift"* spricht? Oder soll das heißen, Gott habe geheime Botschaften im Alten Testament versteckt, die erst die Christen herausgefunden haben, sodass nur sie den Text „richtig" verstehen?

Das „Alte" bleibt gültig

Beide Gedanken sind absurd, der Größe Gottes unwürdig und haben antijüdische Konsequenzen. Christinnen und Christen lesen ihr Altes und Neues Testament dann „richtig", wenn sie dabei den Jüdinnen und Juden ihre Bibel nicht wegnehmen. In den biblischen Texten steckt mehr, als es auf den ersten Blick scheint, und das literarische und theologische Verhältnis der Testamente ist weitaus tiefer und vielfältiger als bei einem Plakat und dem Ereignis, das es ankündigt. Diesem Geheimnis kann man an drei sogenannten „Erfüllungszitaten" (Mt 1,22f; 2,5-6; 2,15) auf die Spur kommen.

Die Evangelisten hatten keine leichte Aufgabe: Wie sollte man es in Worte fassen, dass der lebendige Gott seinen Sohn als Retter in die Welt schickt und dieser Retter ein Mensch wird? (Die Worte fehlten vor allem, weil noch nicht mehrere Jahrhunderte Dogmengeschichte eine angemessene Begrifflichkeit entwickelt hatten.) Wie war diese unerhörte Botschaft zu vermitteln? Woran konnte man anknüpfen, wenn man etwas nie Dagewesenes zu beschreiben suchte?

Erfüllungszitat I: Jungfrauengeburt und Immanuel

Manchmal kommt man zu einer schwierigen Aufgabe wie die Jungfrau zum Kinde – bis in die Redensarten unseres Alltags ist die Formulierung der außergewöhnlichen Menschwerdung Gottes vorgedrungen. Für das Matthäusevangelium ist klar, dass Jesus der Sohn Gottes ist – doch der kann nur von einer Jungfrau geboren werden, das weiß man aus der Religionsgeschichte. Hätte der Verfasser einen Computer gehabt, so hätte er „Jungfrau" und „Kind" in die Suchmaske eingegeben, und dann wäre er auf Jes 7,14 gestoßen (Zitat auf Seite 34).

Der Verfasser brauchte keinen Computer, weil er die Texte besser im Gedächtnis hatte als wir. Jes 7,14 ist die einzige Stelle im Alten Testament, wo von einem Kind einer Jungfrau die Rede ist – und das auch nur in der griechischen Version (der sogenannten *Septuaginta* oder *LXX*).

Liest man die Jesaja-Stelle unvoreingenommen in der hebräischen Fassung, die von einer „jungen Frau" (hebr. *'almā*) spricht, so tritt einem ein hoffnungsvolles prophetisches Zeichen entgegen: Der außenpolitisch schwer angeschlagene König Ahas von Juda soll sich keine Sorgen machen; eine junge Frau in seiner Umgebung wird ein Kind bekommen; noch bevor es so weit herangewachsen ist, dass es Gut und Böse unterscheiden kann, wird die außenpolitische Bedrängnis vorbei sein, weil Gott helfend eingreifen wird (*Immanuel* = „Gott mit uns"). So weit reicht die einfache, vordergründige Deutung der Ereignisse von 734 v. Chr.

Aber das Faszinierende an den prophetischen Texten ist, dass sie so offen formulieren, dass sie auch über ihre ursprüngliche Entstehungssituation hinaus Bedeutungen für neue Situationen erlangen können. Möglicherweise sah man in Jes 7 schon drei Jahrzehnte später, im Jahr 701 v. Chr., als die Assyrer Jerusalem belagerten, einen Trost für die Stadt und ihren König. Als nach dem Exil das irdische Königtum Davids in Jerusalem ausgelöscht war, deutete man diese Stelle entweder auf die aus dem Exil heimkehrende jüdische Gemeinde (als lebendigen Beweis für das „Gott mit uns") oder auf

eus in adiutorium

den kommenden Heilsbringer Gottes, den Messias. Wahrscheinlich war es dieser Gedanke, der auch die Wortwahl der griechischen Übersetzer so lenkte, dass sie das Paradoxon formulierten, dass die Jungfrau (*parthénos*) ein Kind bekommen werde: Die Geburt des Messias wird von einem Wunder begleitet.

Hier findet die christliche Verkündigung von Jesus einen idealen Ansatzpunkt, aber mehr auch nicht. Weder handelt es sich um einen biologischen Beweis, noch behauptet Matthäus, in Jes 7,14 sei von Maria und Jesus die Rede. Die theologische Leistung des Evangeliums besteht vielmehr darin, die offenen Prophetenworte auf das Christusgeschehen hin zu deuten und so *eine* (nicht die einzig mögliche) Leseweise von Jes 7,14 vorzuschlagen. Von da ab hat Jes 7,14 für Christen eine andere Bedeutung als für Juden. Dass ein Text auf zwei verschiedene Weisen gelesen werden kann, die beide ihre Berechtigung haben, ist literaturwissenschaftlich kein Problem, theologisch sogar ein großer Reichtum.

Jes 7,14 (hebr. Text):
*Darum wird euch der Herr von sich aus ein Zeichen geben: Seht, die **junge Frau** wird ein Kind empfangen, sie wird einen Sohn gebären und sie wird ihm den Namen **Immanuel** (Gott mit uns) geben.*

(griechischer Text der Septuaginta):
*Die **Jungfrau** wird schwanger werden und einen Sohn gebären und du wirst ihm den Namen **Emmanuel** geben.*

Mt 1,22f:
*Dies alles ist geschehen, damit sich erfüllte, was der Herr durch den Propheten gesagt hat: Seht, die **Jungfrau** wird ein Kind empfangen, einen Sohn wird sie gebären, und man wird ihm den Namen **Immanuel** geben, das heißt übersetzt: Gott ist mit uns.*

Auch wenn manche Leserinnen und Leser auf den Aspekt der Jungfrauengeburt fixiert sind, so ist dies doch nicht die zentrale Aussage der Verknüpfung von Altem und Neuem Testament. Matthäus vermittelt mit Jes 7,14 eine entscheidende Aussage darüber, wer Jesus Christus ist: der Immanuel, „Gott mit uns". Das ganze Evangelium über bleibt es aber ein Rätsel, warum das Kind dann nicht Immanuel, sondern „Jesus" heißt. Im letzten Satz, den der Auferstandene als Trost an seine Jünger richtet, löst sich das Rätsel: *„Ich bin bei euch alle Tage bis zum Ende der Welt"* (Mt 28,20). Christus ist allezeit mit seiner Gemeinde („Gott mit uns") und verwirklicht so die Immanuel-Verheißung. Daran zeigt sich erneut, dass „erfüllt" nicht „erledigt, abgehakt" heißt, sondern „vollendet" und „bleibend gültig": Die Zusage Gottes, mit seinem Volk zu sein, realisiert sich im Glauben der Christen in der bleibenden Gegenwart des Auferstandenen. Von diesem Aspekt her berühren sich Weihnachten und Ostern.

Erfüllungszitat II:
Betlehem und der Hirt seines Volkes

Die Frage der Sterndeuter und des Herodes in Mt 2 ist eine echte Frage: Wo soll der Messias geboren werden? Die Antwort der Heiligen Schrift ist eindeutig: Aufgrund entsprechender prophetischer Verheißungen ist Betlehem der Geburtsort des erwarteten Messias. Matthäus lässt dazu die Hoftheologen des Herodes zwei Bibeltexte verbinden: Micha 5,1.3 und 2 Sam 5,2.

Micha 5,1.3:
*Aber du, **Betlehem**-Efrata, so klein unter den Gauen Judas, aus dir wird mir einer hervorgehen, der über Israel herrschen soll. Sein Ursprung liegt in ferner Vorzeit, in längst vergangenen Tagen. Er wird auftreten und ihr **Hirt** sein in der Kraft des Herrn, im hohen Namen Jahwes, seines Gottes. Sie werden in Sicherheit leben; denn nun reicht seine Macht bis an die Grenzen der Erde.*

2 Samuel 5,2:
*Schon früher, als noch Saul unser König war, bist du es gewesen, der Israel in den Kampf und wieder nach Hause geführt hat. Der Herr hat zu dir gesagt: Du sollst der **Hirt** meines Volkes Israel sein, du sollst Israels **Fürst** werden.*

Mt 2,5-6:
*[Herodes] ließ alle Hohenpriester und Schriftgelehrten des Volkes zusammenkommen und erkundigte sich bei ihnen, wo der Messias geboren werden solle. Sie antworteten ihm: In Betlehem in Judäa; denn so steht es bei dem Propheten: Du, **Betlehem** im Gebiet von Juda, bist keineswegs die unbedeutendste unter den führenden Städten von Juda; denn aus dir wird ein **Fürst** hervorgehen, der **Hirt** meines Volkes Israel.*
(Mi 5,1-3; 2 Sam 5,2)

KÖNIGE SIND GOTTESSÖHNE

Die Vorstellung, dass (ein) Gott einen irdischen Sohn hat, findet man schon im Alten Ägypten: Die Pharaonen wurden als Söhne Gottes bezeichnet und ihre Zeugung durch Gott und eine menschliche Mutter abgebildet. Die Ägypter kannten die leiblichen Eltern der Pharaonen. Die „Gottessohnschaft" war demnach keine biologische Aussage, sondern umschrieb das Wesen und die Machtstellung der Pharaonen.
In Psalm 2 sagt Gott Ähnliches über den irdischen König Israels: „Ich selber habe meinen König eingesetzt auf Zion, meinem heiligen Berg." Der König antwortet: „Den Beschluss des Herrn will ich kundtun. Er sprach zu mir: ‚Mein Sohn bist du. Heute habe ich dich gezeugt.'" – Der König meint mit „heute" den Tag seiner Thronbesteigung. wb/wub

Die Zeugung des Pharao Amenophis III. Der Gott Amun (oben rechts) hält der Königsmutter das Anch-Zeichen (Leben) unter die Nase; der Texte sagt, dass Amun-Re in Gestalt des regierenden Königs zur Königin eingeht.

Aus: Othmar Keel, Die Welt der altorientalischen Bildsymbolik, Vandenhoeck & Ruprecht, 5. Aufl. 1996, S. 226

Die Micha-Stelle verheißt im Original einen künftigen Herrscher, der aus Betlehem hervorgeht und dem Volk Sicherheit und Frieden bringt: *„Aber du, Betlehem-Efrata, so klein unter den Gauen Judas, aus dir wird einer hervorgehen, der über Israel herrschen soll."* Und: *„Er wird auftreten und ihr Hirt sein."* Betlehem ist die Heimatstadt Davids, des idealen Königs Israels (als Gesamtheit) – von daher und vom Stichwort „Hirt sein" ergibt sich eine Verbindung zwischen Micha 5,3 und dem zweiten Zitat aus 2 Sam 5,2: Diese Stelle erzählt, wie David – Saul war soeben untergegangen – durch eine Delegation des Nordreiches Israel die Königswürde angetragen bekommt. Eine Verheißung wird angefügt, die die Erwählung Davids zusammenfasst: *„Der Herr hat zu dir gesagt: Du sollst der Hirt meines Volkes Israel sein, du sollst Israels Fürst werden"* (vgl. auch 1 Sam 13,14; 18,13.16; 25,30; auch 2 Sam 6,21; 7,8).

Auch bei diesem Anknüpfungspunkt zum Stichwort „Betlehem" gilt: Es ist weder ein zwingender Beweis, dass Jesus der Messias ist, noch wird unterstellt, die Micha-Prophetie denke bei ihrer Entstehung schon an Jesus. Matthäus setzt vielmehr den Glauben an die Botschaft voraus, dass Jesus der verheißene Messias ist, und sucht dazu nach möglichen Interpretationen in den alten Schriften. Und wieder ist die zentrale Aussage nicht die historische (der Geburtsort). Die moderne Fragestellung, wo der historische Jesus geboren ist, geht an der Intention dieser Texte vorbei. Für sie ist nämlich wiederum eine Aussage über die Bedeutung Jesu entscheidend: Er ist der Hirt des Gottesvolkes. Damit leistet das Matthäusevangelium etwas Ungeheures. Alle positiven Bilder und Metaphern, die von Gott als dem Guten Hirten sprechen (vgl. Gen 48,15; Ps 23; Jes 40,11; Jer 31,10; Ez 34,11-22) und die der wesentlichsten und sehnsuchtsvollen Hoffnung auf Orientierung, Geborgenheit, Schutz und gute Versorgung Ausdruck verleihen, werden gebündelt auf Jesus übertragen. Das Johannesevangelium geht diesen Weg konsequent weiter, wenn es in den „Ich-bin-Worten" Jesus über sich sagen lässt: *„Ich bin der gute Hirt"* (Joh 10,11).

Wiederum wird dabei keineswegs eine alttestamentliche Verheißung abgehakt. Vielmehr schafft der Evangelist eine Verbindung zwischen der alten Tradition und Hoffnung Israels und dem Glauben derer, die sie in Jesus Christus erfüllt sehen. Insofern sind die bildhaften Aussagen der Vorgeschichte des Matthäus bleibende Aussagen über Jesus Christus, der im Glauben der Christen als Hirt, Herr und König seines Volkes verehrt wird.

Erfüllungszitat III:
Aus Ägypten – Gottes Sohn

Vor allem die koptische Kirche Ägyptens hat die Flucht der Heiligen Familie mit einer breiten Verehrungstradition bedacht – entlang der gesamten, im Laufe der Kirchengeschichte „rekonstruierten" Fluchtroute gibt es Wallfahrtsorte. Doch was steckt hinter der Erzählung über Kindermord und Auslandsaufenthalt? Auch was zunächst wie eine Flucht vor willkürlicher Gewalt der Mächtigen, wie sie bis heute millionenfach vorkommt, aussieht, wird im Matthäusevangelium in einen großen theologischen Zusammenhang gestellt.

Hos 11,1:	Mt 2,14-15:
Als Israel jung war, hatte ich ihn lieb und **rief ihn, meinen Sohn, aus Ägypten.**	Da stand Josef in der Nacht auf und floh mit dem Kind und dessen Mutter nach Ägypten. Dort blieb er bis zum Tod des Herodes. Denn es sollte sich erfüllen, was der Herr durch den Propheten gesagt hat: *„Aus Ägypten habe ich meinen Sohn gerufen."*

Die Flucht nach und die Rückkehr aus Ägypten deutet Matthäus mit einem gewichtigen Wort aus der Schrift des Propheten Hosea:

Vielleicht wird die Flucht sogar deshalb erzählt, um eine theologische Botschaft unterzubringen. Das Matthäusevangelium bezieht sich hier nicht auf die Septuaginta, denn die *griechische* Version verwendet nicht das vieldeutige Wort „Sohn", sondern „Kinder" und meint damit eindeutig das Volk Israel. „Sohn" steht in der *hebräischen* Fassung von Hos 11,1 – es ist dort ebenfalls eine Metapher für das Volk Israel, aber die Einzahl vertieft die besonders innige Beziehung zwischen Gott und seinem Volk: Sie wird dargestellt als die Liebe einer Mutter und eines Vaters zu ihrem/seinem Sohn. Im weiteren Verlauf von Hos 11 nimmt Gott immer mehr die Züge einer liebenden Mutter oder eines liebenden Vaters an – dieses Kapitel ist ganz zentral für die biblische Theologie und spricht von der grenzenlosen Liebe Gottes zu den Menschen.

Auch hier wird deutlich, dass es Matthäus nicht um einen „Schriftbeweis" für die Flucht nach Ägypten geht. Vielmehr dient

Frühchristliche Plastik des „Guten Hirten" aus Bursa in der heutigen Türkei. Um 350, Archäologisches Museum, Istanbul. © akg

das Stichwort „Ägypten" dazu, das Heilshandeln Gottes in Erinnerung zu rufen und die grenzenlose Liebe Gottes zu seinem Volk zu vergegenwärtigen. In diese zentrale *Theologie* („Rede von Gott") hinein stellt der Evangelist die Menschwerdung Gottes in Jesus Christus. Wieder steht eine christologische Aussage im Zentrum: Jesus Christus ist der erwählte und geliebte Sohn Gottes, und die Liebe Gottes zu seinem Sohn ist so grenzenlos wie die Liebe zu Israel und darin zu den Menschen.

Fazit:
Die Wahrheit über Christus

Die unerhört neue Botschaft von der Menschwerdung Gottes in Jesus Christus brauchte Anknüpfungspunkte – Matthäus fand sie in den heiligen Texten der Tradition Israels: sei es in ihrer griechischen Fassung (Septuaginta) oder in ihrer hebräischen Version. Das einst ergangene Gotteswort im Prophetenmund war offen genug, dass die Jesus-Botschaft darin Platz fand. Damit ist die Rede von Jesus Christus in alter Heilstradition verankert – und diese Heilstradition bleibt dadurch aktuell und gültig; sie wird insgesamt für die neue Gemeinschaft der Christinnen und Christen geltend. Gottes Verheißungen sind damit in keiner Weise „erledigt", sondern integraler Bestandteil der christlichen Botschaft. Das griechische Wort, das Matthäus für die „Erfüllung der Schrift" verwendet *(plēroō)*, heißt auch nicht „erledigen", sondern „(mit Gutem) anfüllen", „vollenden, vollständig machen". Damit bleibt die Heilige Schrift der frühen Christen, das spätere sogenannte Alte Testament, in Kraft. Zugleich hat sich schon an den wenigen Beispielen gezeigt, dass mit einfachsten Mitteln, durch Zitat und Anspielung, zentrale theologische Inhalte und Konzeptionen auf den Plan gerufen werden, die die Bedeutung Jesu erschließen.

So gesehen würden wir zu kurz greifen, wenn wir bei den vordergründigen Stichwörtern („die Jungfrau wird ein Kind empfangen", „Betlehem", „aus Ägypten") stehen blieben. Die Texte gehen über die Frage nach Herkunft und Orten hinaus. Sie vermitteln tiefer gehende christologische Aussagen:

- Jesus Christus ist der „Immanuel", der „Gott mit uns";
- Jesus Christus ist der (gute) Hirt, der gerechte Friedenskönig seines Volkes;
- Jesus Christus ist der geliebte Sohn Gottes.

Eine solch theologische Leseweise der sogenannten „Kindheitserzählungen" misst ihnen erst die Bedeutung zu, die ihre Verfasser in sie gelegt haben. Die theologisch-strukturelle „Mutter" dieser zentralen christlichen Aussagen über Gott und Christus ist – das Alte Testament. ◀

JESUS UND ÄGYPTEN
EINE GEOGRAFIE DES HEILS

Die Erzählungen über die Geburt Jesu sind mit bestimmten Orten verbunden. Deren Erwähnungen sind aber weit mehr als nur geografische Notizen. Orte besitzen mitunter symbolische Bedeutung und repräsentieren ganze Geschichtsepochen. *Von Wolfgang Baur*

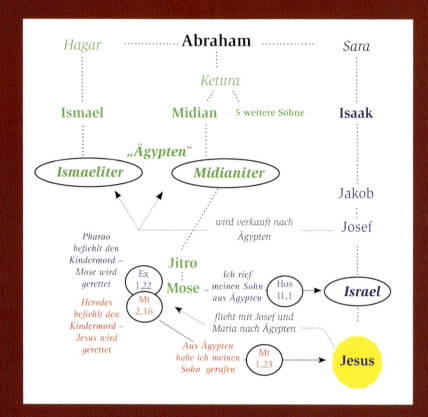

Das Motiv „Ägypten" spielt bereits im Alten Testament eine bedeutsame Rolle. Insbesondere der Evangelist Matthäus zitiert zur Darstellung der Rolle Jesu in der Heilsgeschichte Stellen aus dem Alten Testament (Beispiele für wörtliche oder inhaltliche Zitate finden sich in den Kreisen).

Das Evangelium knüpft an die Erzelternerzählungen im Buch Genesis an: Mit seinen drei Frauen (Sara, Hagar, Ketura) zeugte Abraham acht Söhne. Diese und ihre Nachkommen repräsentieren jeweils Völker und stehen von Anfang an in Rivalität zueinander. Die Linie Abraham-Isaak-Jakob erleidet einen Bruch in der Josefsgeschichte (Gen 37-50), denn Josef wird von seinen Brüdern nach Ägypten (an die Ismaeliter und die Midianiter) verkauft. Im Nachhinein zeigt sich allerdings, dass Ägypten zu einer Art „Brutstätte" Israels wird. Hier entsteht das „große Volk", das dann von Mose (dessen Schwiegervater Midianiter ist) nach Kanaan geführt wird und künftig als „Israel" weiterlebt. Die Josefsgeschichte fasst im Kern die Geschichte Israels zusammen: „Ihr habt Böses gegen mich im Sinne gehabt, Gott aber hatte dabei Gutes im Sinn, um zu erreichen, was heute geschieht: viel Volk am Leben zu erhalten" (Gen 50,20). In der Darstellung der Geschichte Jesu gewinnt das Motiv einen neuen Sinn: Von Anfang an wird Jesus als einer dargestellt, der von Menschen bedroht, von Gott aber auf wunderbare Weise bewahrt und schließlich auferweckt wird. Wie Mose vor der Mordaktion des Pharao wird er durch die Flucht nach Ägypten vor der Kindermordaktion des Herodes gerettet. Wie seinerzeit Israel kehrt er aus Ägypten zurück. Wie Israel als Volk wird seine Jüngerschar riesengroß. Als roten Faden von Abraham bis Jesus zeigt Matthäus: Gott steht zu seiner Verheißung und hat „sein Volk" weiter geführt. Mit der Geburt Jesu beginnt ein neuer „Auszug aus Ägypten", diesmal aber ist das verheißene Land die ganze Erde (Mt 28,19). ◀

DAS ALTE TESTAMENT IM WEIHNACHTSBILD
„Tau aus Himmelshöhn"

Mit Szenen aus dem Alten Testament deuten die frühen Christen die Geburt Christi typologisch: etwa durch Mose am brennenden Dornbusch, die blühende Rute des Aaron oder den Tau („aus Himmelshöhn", wie das Weihnachtslied lautet) auf Gideons Flies. Mittelalterliche Geburtsdarstellungen werden daher von alttestamentlichen Wundern flankiert. *Von Christoph Dohmen*

Die ältesten Weihnachtsbilder des Christentums zeigen nichts von dem, was das Neue Testament von der Geburt Jesu berichtet. Nicht Maria und Josef werden beim Kind dargestellt (siehe frühchristlicher Sarkophag unten), sondern einzig und allein Ochs und Esel, von denen das Neue Testament gar nichts weiß.

Aufgrund einer Stichwortverbindung über das Wort „Krippe" (Lk 2,7.12.16) wird Jes 1 aufgenommen, um das Geheimnis dieser Geburt zu deuten. Dort heißt es: *„Hör zu, Himmel; lausche auf Erde, ja, der HERR hat gesprochen: Söhne habe ich aufgezogen und groß gemacht, sie aber, sie haben mit mir gebrochen. Es kennt der Ochse seinen Besitzer und der Esel die Krippe seines Herrn"* (Jes 1,2f). Diese Zeilen wollen nicht Israel anklagen, sondern sie sind ein Appell an die ganze Welt, zu erkennen, welche Bedeutung die Erwählung Israels für den Erdkreis hat. Die ganz natürliche Verbindung der Tiere zu ihrem Futter wird als Lebensnerv für Israel und die Welt gedeutet. Das Bild von der Krippe mit Ochs und Esel tritt also ganz deutlich für die oft im Christentum verkannte Kontinuität zwischen Altem und Neuem Bund ein, die ihren Grund in der Kontinuität des Handelns Gottes hat. Das Bild ist keine Darstellung der Geburt Christi, sondern ein theologisches Programm, das die Christen auf ihren Ursprung in der Bibel Israels und ihre Verbindung zum Judentum verweist. Später sind die christlichen Weihnachtsbilder weiter entfaltet worden, mit Hirten, Schafen, Engeln und Königen, aber letztendlich weiter weg vom biblischen Ursprung der Christusverkündigung, die ihre lebensspendenden Wurzeln in der Bibel Israels hat.

Das Alte Testament als Vorbild

Doch neben diesen bunten Ausgestaltungen des Weihnachtsbildes hält das Christentum auch den Gedanken wach, dass es eine Einheit in der Geschichte Gottes mit Israel und mit den Christen gibt. Mit der Entstehung der spezifisch christlichen Bibel aus Altem und Neuem Testament wächst auch die Frage nach dem Verhältnis der beiden Testamente zueinander vor dem Hintergrund dieser Einheit der Heilsgeschichte. Worte, Geschehnisse, Personen und Institutionen des Alten Testamentes werden dann als *Typen* betrachtet, die ihre Entsprechungen (*Antitypen*) im Neuen Testament haben. In dieser Gegenüberstellung drückt sich die Gewissheit aus, dass die Geschichte Gottes mit den Menschen im ersten Bund (Altes Testament) sich ungebrochen im erneuerten Bund (Neues Testament) fortsetzt. Die Typologie zeichnet das Alte Testament als Vorbild oder Vorausbildung dessen, was als vollkommenes Bild im Neuen Testament erscheint. Das im Christentum schon früh zu findende typologische Denken birgt natürlich auch Schwierigkeiten und die Möglichkeit von Missverständnissen in sich, aber es kann auch dazu beitragen, die Botschaft des Neuen Testamentes von der Bibel Israels her genauer zu verstehen. In den sogenannten „Armenbibeln" des Mittelalters kommen die typologischen Programmbilder zur Blüte. Im Grundmuster der *Biblia pauperum* finden sich auf jeder Seite drei nebeneinander stehende Bildmotive, die darüber hinaus von je vier Prophetengestalten und Textteilen gerahmt werden (siehe Abb. S. 39).

Schnell lässt sich erkennen, dass diese Bildkompositionen weit Auseinanderliegendes zusammenbringen. Während man die immer in der Mitte platzierte neutestamentliche Szene schnell erkennen und einordnen kann, bereiten die rechts und links stehenden Bilder aus dem Alten Testament oft Schwierigkeiten, weil hier Details alttestamentlicher Geschichten zur Darstellung

Ochs und Esel beim Kind in der Krippe, links daneben die Magier, dargestellt auf dem Sarkophag der Christin Adelphia aus Syrakus, Detail, ca. 340-345. Die Eltern Maria und Josef sind nicht zu sehen. Museo archaeologico, Syracus. © Singer, Neg. D-DAI- Rom 1971.0861

kunst und theologie

Alte typologische Bilder im Christentum

Alttestamentliches Motiv	Christliches Bildmotiv
Jes 1: Ochs und Esel an der Krippe	Lk 2,7.12.16: Krippe (nur hier!)
Ex 3: Brennender Dornbusch, der nicht verbrennt (auch Num 17, wurzelloser Stab Aarons)	Lk 1,35-37: Die „Jungfrauengeburt"
Num 17: Blühender Stab Aarons	Lk 4,21: Jesus als der mit göttlichem Geist Ausgestattete
Ps 2,7: Der König als Sohn Gottes	Hebr 5,4f: Jesus als der Sohn Gottes
Ri 6: Gideons Flies	Wirken Gottes auf der Erde
Ez 40: geöffnetes und geschlossenes Tor	Gegenwart Gottes in Jesus
Dan 6: Daniel in der Löwengrube	Jesus als der von Gott Bewahrte
Dan 3: Jünglinge im Feuerofen	Jesus als der sogar in der Passion mit Gottes Kraft Ausgestattete.

kommen, die vielen Christen kaum bekannt sind, da sie in Liturgie und Katechese nicht vorkommen. Im Grundmuster des Bildprogramms der Armenbibel zur Geburt Jesu findet sich auf der einen Seite eine Darstellung der Moseberufung am „brennenden Dornbusch" (Ex 3) und auf der anderen Seite die Geschichte vom Aufblühen der Rute Aarons (Num 17).

Die typologische Verbindung zwischen diesen Szenen ist auch aus anderen Zusammenhängen bekannt. Das der Natur widerstreitende *Wunder* steht oberflächlich gesehen als Verbindungspunkt zwischen den drei genannten Bildern. Der Dornbusch, der im Feuer nicht verbrennt, und die wurzellose Rute Aarons, die ausschlägt und Blüten und Früchte hervorbringt, sind Vorbild für das unfassbare Wunder der Jungfrauengeburt. Ist dies aber schon alles? Die Jungfrauengeburt als übernatürliches Wunder?

Orte der Herausforderung: Dornbusch und Rute des Aaron

Die Mosegeschichte selbst bleibt nicht bei dem Wunder stehen. Der Glaube des Mose richtet sich nicht auf das Wunder des Dornbuschs, sondern dieser führt ihn nur zum Eigentlichen und Wesentlichen hin.

Der brennende Dornbusch: Der Busch, der nicht verbrennt, zieht die Aufmerksamkeit des Mose auf sich. Er lässt ihn vom Weg abweichen, um näher hinzusehen. Durch den Dornbusch verlässt Mose seine Pfade, bricht aus seinem Alltag aus. Das Wunder des Dornbuschs bringt ihn dazu, aber es ist nicht Ziel dieser Begegnungsgeschichte. In dem Moment, da Mose sich vom Dornbusch anziehen lässt, tritt er in eine andere, für ihn neue Welt. Er wird angesprochen und muss sich seine Schuhe, mit denen er seinen bisherigen Lebensweg gegangen ist, ausziehen, denn wo er jetzt steht, ist „heiliges Land". Heilig ist dieses Land einen Schritt neben dem Weg nur, weil es Land der Gottesbegegnung ist. Schon ist für die Geschichte das Wunder des nicht verbrennenden Dornbuschs vergessen, und Gott selbst, der Mose anspricht und sich zu erkennen gibt, steht im Mittelpunkt.

Die blühende Rute des Aaron: Ebenso wenig wie der brennende Dornbusch Ziel der Geschichte von der Moseberufung ist, gipfelt die Geschichte von der blühenden Rute Aarons in den Früchten, die sie hervorbringt. Weil die wurzellose, aufblühende Rute den Blick auf sich zieht, wird sie zum sichtbaren Zeichen. Die Geschichte hält eigens fest, dass am Ende alle ihre Ruten wieder an sich genommen haben, nur die blühende Rute Aarons als „Zeichen" von Mose wieder ins Offenbarungszelt zurückgelegt worden ist. Sie ist Erinnerungszeichen für das, was dort geschehen ist. Die durch das Wunder der aufblühenden Rute vollzogene Erwählung Aarons und der mit ihm verbundenen Priester stellt aber kein Privileg dar, sondern vielmehr eine besondere Verantwortung der Priester. Die Nähe des mit seinem Volk ziehenden Gottes ist nicht nur schützend und segensreich, sondern auch fordernd. Ein „normales" Leben gibt es in einer besonderen Nähe Gottes nicht. Dies hat Israel immer wieder erfahren müssen. Aarons Priesterdienst steht auch für die Besonderheit der Erwählung Israels. Der Dienst am Zelt der Begegnung vermittelt den Israeliten diese heilsame Nähe Gottes ebenso wie auch sein forderndes Herausrufen Israels zu seinem Volk, dem Volk Gottes. Die blühende und Früchte tragende Rute Aarons ist das schönste und sinnfälligste Zeichen für Israels Erwählung; denn Aarons Erwählung zum Dienst am Heiligtum lässt sich nur verstehen – ja wird geradezu notwendig – durch Gottes Unmittelbarkeit bei seinem

Die Moseberufung am Dornbusch (Ex 3,1-5)
Mose weidete die Schafe und Ziegen seines Schwiegervaters Jitro, des Priesters von Midian. Eines Tages trieb er das Vieh über die Steppe hinaus und kam zum Gottesberg Horeb. Dort erschien ihm der Engel des Herrn in einer Flamme, die aus einem Dornbusch emporschlug. Er schaute hin: Da brannte der Dornbusch und verbrannte doch nicht. Mose sagte: Ich will dorthin gehen und mir die außergewöhnliche Erscheinung ansehen. Warum verbrennt denn der Dornbusch nicht? Als der Herr sah, dass Mose näher kam, um sich das anzusehen, rief Gott ihm aus dem Dornbusch zu: Mose, Mose! Er antwortete: Hier bin ich. Der Herr sagte: Komm nicht näher heran! Leg deine Schuhe ab; denn der Ort, wo du stehst, ist heiliger Boden.

Blatt aus einer *Biblia pauperum* (Armenbibel), die im Holzdruckverfahren preiswerter als eine Handschrift hergestellt werden konnte. Im Zentrum eine Geburtsszene, gerahmt durch die Abbildungen von Mose am brennenden Dornbusch und Aaron mit dem blühenden Stab. Das Neue Testament wird als Fortsetzung des Alten Testaments dargestellt! Bilderhandschrift, Nordhessen oder Westthüringen, um 1435, Pergament. Codex Palatinus latinus 871, fol.4 r., Rom, Biblioteca Apostolica Vaticana. © akg

Der busch luchtet vnd flamet | Ane serde geberes du magit | Diese rude brenger blume wie
vnd verbornet nyt. v. Lucet et | maria. v. Absq; dolore paris | der die nature. v. Her sua more
igne sed non rubus igne ca- | virgo maria maria maris: | produxit virgula florem. Eyn
lesat. Dauid Der steyn ist ko- | | cleiner ist vns geboren vnd eyn
men von dem berge ane hende. | | son ist vns gegeben vnd sin
 | | name heisset wunderlich:

Asechias. Du bethleem erde in iuda du wurdest | Abacuck. Herre ich han dyn werck gemerket
nit die mynste vtz dir sal vur gen eyn leyder. | vnd byn erschrocken in mitten zweier dieher
 | lugende in der creppen:

Egitur in exod tercio capło qp moyses | Egitur in libro Numeri septimo deci-
vidit qp rubus ardebat et non combure- | mo capło quod urga aaron vna nocte fron-
batur et dm audiuit de rubo sibi loquen- | duit floruit et nuces edidit qd significabat
tem. Rubus ardens qui non consumitur significat | virginem sterilem sine uirili semine parituris
virginem parientem sine corruptione integritatis | filium dei s. thm xpm dnm nrm:
corporis quia virgo peperit et virgo in corrupta | An liest in moyses virden buche der zal
permansit: | an dem sebenzehenden cappitel das aarons
An liest in yn moyses an dn buche exodi | rude in eyner nacht bluede vnd laubere vnd vn
an dem dritten cappitele Das moyses | brachte Das bezeichente das die magit gebar
sach eynen busch flammende vnd nit virbrät | ane mannes samen godes son vnsern hrn xpm Amen:
vnd horte got vtz dem busch sprechen. Der
pusch bezeichent die mager geberende ane flecke
mit gantzem reynem lybe wan die magit ge
bar vnd magit bleip vnzustoret an irer reyne
keyt:

Geschichte vom Aufblühen der Rute Aarons (Num 17,20-18,1):
Dann wird der Stab dessen, den ich erwähle, Blätter bekommen [...] Als Mose am nächsten Tag zum Zelt der Bundesurkunde kam, da war der Stab Aarons, der das Haus Levi vertrat, grün geworden; er trieb Zweige, blühte und trug Mandeln [...] Der Herr sprach zu Aaron [...] Du, deine Söhne und deine ganze Familie, ihr tragt die Verantwortung für das Heiligtum.

Christus als Hoherpriester in der Nachfolge des Aaron (Hebr 5,5f):
Und keiner nimmt sich eigenmächtig diese Würde, sondern er wird von Gott berufen, so wie Aaron. So hat auch Christus sich nicht selbst die Würde eines Hohenpriesters verliehen, sondern der, der zu ihm gesprochen hat: Mein Sohn bist du. / Heute habe ich dich gezeugt.

Geburt Christi, Tafelbild um 1470, Niederrhein, heute in der Schatzkammer der Münsterkirche St. Mariä Himmelfahrt Mönchengladbach-Neuwerk. Vier alttestamentliche Szenen in den Bildecken deuten die Geburt Jesu im Zentrum:

1. Mose vor dem brennenden Dornbusch: „Da brannte der Dornbusch und verbrannte doch nicht."
2. Aaron vor dem grünenden Stab: „Da war der Stab Aarons grün geworden; er trug Zweige, blühte und trug Mandeln."
3. Gideon vor dem betauten Flies: „Der Tau wird allein auf die Wolle fallen und der ganze übrige Boden trocken bleiben."
4. Ezechiel: „Dieses Tor soll geschlossen bleiben ... denn der Herr, der Gott Israels ist durch dieses Tor eingezogen."

© St. Mariä Himmelfahrt Mönchengladbach-Neuwerk

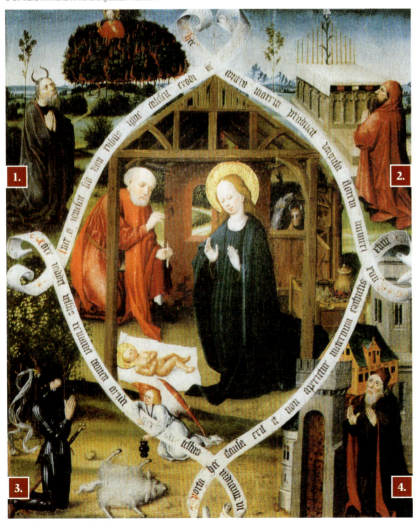

Volk. Neben das Bild von der Geburt Christi gestellt lässt das Bild von Aarons Erwählung auch an die einzige Stelle der Erwähnung dieser Rute Aarons im Neuen Testament denken: Es ist der Hebräerbrief, der bei seiner Darstellung des von Christus vermittelten Bundes auf das Heiligtum Israels eingeht und neben dem goldenen Rauchopferaltar und der Bundeslade auch den Stab Aarons im Allerheiligsten erwähnt. Er, der Hebräerbrief, entwirft die Rolle Christi in Gottes Heilsplan ganz entscheidend vom alttestamentlichen Priestertum her. Als Mittler ist Christus für ihn der Hohepriester. Die damit verbundenen Gedanken im Blick auf Sühneopfer und Erlösung haben die Auswahl der eigentümlichen Geschichte vom Anfang des Priestertums Aarons gewiss stimuliert. Das Bildprogramm der Armenbibel erinnert also schon beim Kind in der Krippe an diesen Hohenpriester, durch den die Christen die besondere Nähe Gottes erfahren können. Auch der „Heilsspiegel" *(speculum salvationis, s. Abb. rechts)* aus dem 14. Jh. führt deutlich vor Augen, dass mit der Geburt Jesu Christi nichts völlig Neues beginnt, sondern Gottes lange Geschichte mit Israel einen neuen Höhepunkt erhält. Wer Gott in diesem Jesus begegnen will, der begegnet auch Mose und Aaron.

Weitere Szenen: Gideon und Ezechiel

Die christliche Spiritualität hat sich von diesen Bildern inspirieren lassen, sodass im Laufe der Zeit weitere alttestamentliche Szenen in Bildern dem Bild der Geburt Christi zugeordnet wurden. Dabei wird der typologische Bezugsrahmen nicht selten überschritten. So begegnet in Verbindung zum Weihnachtsbild Gideons Flies aus Ri 6 und das verschlossene Tor aus Ez 40 (s. Tafelbild aus Neuwerk links).

Gideons Flies: Die Geschichte von Gideons Flies gehört in den Zusammenhang seiner Berufung. Ein Engel Gottes verkündet ihm, dass der HERR mit ihm sei. Doch Gideon ist skeptisch und fast verzweifelt. Er glaubt, dass Gott sein Volk verstoßen und preisgegeben habe. Da erhält er – wie Mose am Dornbusch – einen gewaltigen Auftrag: „Rette Israel!" Und wie Mose bei seiner Berufung zögert auch Gideon. Er will ein Zeichen, um sicher sein zu können. Dies wird ihm gewährt, durch Feuer, das sein Opfer verzehrt. Ganz genau wie Mose, der auch mehrere Zeichen zur Beglaubigung seiner Sendung bekommt, geschieht es Gideon, damit er Mut für seine Berufung fassen kann. Ganz wie Gideon will, wird ihm gewährt. Der Boden rund um ein ausgelegtes Schaffell soll am Morgen trocken, die Wolle aber vom Tau durchnässt sein. Wenngleich alles wie gewünscht geschieht, werden die Zweifel des Helden Gideon nicht ausgeräumt, denn das Bestätigungszeichen könnte den natürlichen Grund haben, dass der morgendliche Tau vom glatten Boden eben schneller trocknet als aus der Wolle. Gideon aber will Klarheit haben. Er erneuert und korrigiert seine Bitte. Nasser Tau soll auf dem glatten Boden liegen bleiben, während die Wolle schon trocken ist. Diese ganze Berufungsgeschichte des Gideon will aber mehr als nur eine Bestätigung des Zweiflers. Der Tau, den Gott für das Zeichen des Gideon vom Himmel fallen lässt, erinnert ganz bewusst an das Manna, das Himmelsbrot, das Israel in der Wüste hat überleben lassen. Rettung und Heil stehen im Vordergrund der Gideonsgeschichte. Zwei Mal lässt die kurze Episode Gideon Gott daran erinnern, dass er Israel „retten" will. Israels Rettung geht nicht auf die militärische Stärke Gideons und seiner Mannen zurück, sondern Israel findet sein Heil durch die Berufung Gideons, so wie das Volk in der Wüste das Himmelsbrot gefunden hat – als Tau auf dem Boden. Es ist nicht nur das Stichwort „Rettung, Heil", das ja auch im Namen „Jesu" enthalten ist, das die Geschichte von Gideons Berufung zum alttestamentlichen Weihnachtsbild gemacht hat. Das das Natürliche hinter sich lassende Zeichen der trockenen Wolle auf dem nassen Boden wurde als Wunder zum Hinweis auf die Jungfräulichkeit Mariens aufgefasst und stellt so eine Entsprechung zu den beiden Szenen der Armenbibeln dar. Aber wie diese überschreitet das Bild in seinem neuen Kontext diesen Gedanken schnell.

Die Vision des Ezechiel: In einer großen Vision sieht der Prophet Ezechiel ein neues Jerusalem, in das die Herrlichkeit des HERRN einzieht. Das Osttor dieser Stadt, soll nach der Vision des Ezechiel verschlossen bleiben. *„Es darf nicht geöffnet werden, denn keiner soll hindurchkommen, weil der HERR, der Gott Israels, dort hineingekommen ist, so wird es verschlossen bleiben."* Dieses in Ez 44 beschriebene Tor, das von seiner Funktion kein Tor mehr ist, steht wie ein Hinweisschild im neuen Jerusalem, um auf die Besonderheit des ganzen Ortes hinzuweisen. Der letzte Satz des Buches Ezechiel (Ez 48,35) lässt die Stadt neu benennen: *„Hier ist der HERR."* Das ist das Programm des neuen Jerusalems, das der Prophet Ezechiel sieht, Gott ist überall in dieser Stadt gegenwärtig. Das neue Jerusalem des Ezechiel, die Stadt „Hier ist der HERR" enthält eine Provokation. Gott selbst lässt sich hin-

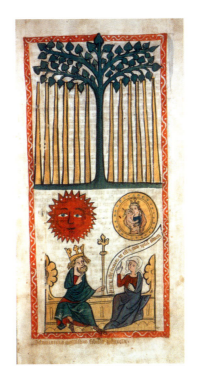

Ein Blatt aus dem mittelalterlichen „Heilsspiegel": Der römische Kaiser Augustus (links) erkennt die Größe Christi. Rechts sitzt eine Seherin, die tiburtinische Sibylle, die auf die Erscheinung einer Frau und eines Kindes weist. Eine populäre Legende, die Eingang in zahlreiche mittelalterliche Werke fand, unter anderem in den *Speculum humanae salvationis* (Heilsspiegel), erzählt, dass die Sibylle dem Kaiser – hier dargestellt mit dem Aaronsstab als Zeichen der göttlichen Erwählung – während des Kaiserkultes mitteilt, dass dieses Kind größer sei als er. Daraufhin fällt er auf die Knie und betet es an. Buchmalerei, Westfalen, um 1360, Hessische Landesbibliothek, Ms. 2505. © akg

ab ins Menschliche, in Raum und Zeit, um dort alles von seiner Heiligkeit erfüllen zu lassen. Es liegt nahe, dass schon die Kirchenväter bei diesen Gedanken von *Gott in Welt* an die Inkarnation, die Menschwerdung in Jesus Christus dachten. Und so findet sich schon bei Ambrosius von Mailand im 4. Jh. eine marianische Auslegung dieser Ezechielstelle. Das verschlossene Tor, durch das Gott selbst hindurchgeschritten ist, wird als Hinweis auf die Jungfräulichkeit Mariens gesehen. In Verbindung zum Weihnachtsbild wird aber schnell deutlich, dass die Verbindung zwischen den Bildern, wie schon bei den anderen erwähnten Bildern, nicht an der Oberfläche bleibt, um nur die Jungfräulichkeit Mariens zu deuten. Das Bild bei Ezechiel widerstrebt sogar einer allzu oberflächlichen Deutung auf die Jungfrauengeburt hin, denn das genannte Osttor ist offen, bis die Herrlichkeit des HERRN hindurchzieht, dann erst wird es verschlossen. Die Verbindung der beiden Bilder gibt den Anstoß, um das Großartige der Ezechielverkündigung im neuen Jerusalem als Frage nach der Anwesenheit Gottes in unserer Welt aufzunehmen.

Das in den verschiedenen alttestamentlichen Geschichten anwesende Motiv vom Wunder und vor allen Dingen von der Errettung und dem damit von Gott gewährten Heil, das durch die verschiedenen Bildmotive zum Weihnachtsbild gestellt wird bzw. in einer großen Komposition zusammengeführt wird, regt immer wieder Christen an, weiter im Alten Testament nach entsprechenden Geschichten zu suchen, die dann auch als Bildmotiv zur Deutung der Geburt Christi gestellt werden. So begegnet später auch das Bild von Daniel in der Löwengrube aus Dan 6 ebenso wie die Geschichte der drei Jungen im Feuerofen aus Dan 3 als Bildmotiv im Gegenüber zum Weihnachtsbild.

Die ursprünglich in der Armenbibel zum Weihnachtsbild gestellten Motive von der Moseberufung am brennenden Dornbusch und der Erwählung Aarons durch die aufblühende Rute bilden aber weiterhin trotz der Anreicherung mit anderen Bildmotiven den festen Kern, der die christliche Deutung der Weihnachtsgeschichte bestimmt. Diese beiden Geschichten scheinen sogar so stark zu wirken, dass sie geradezu mit in das Weihnachtsbild hineinfließen, was daran zu erkennen ist, dass sowohl das Motiv der ausgezogenen Schuhe als auch der blühende Stab in der christlichen Kunst und Frömmigkeit mit Josef in Verbindung gebracht werden (s. dazu den Beitrag von Ines Baumgarth in diesem Heft, S. 44-49).

BRAUCHTUM UND SYMBOLE
Alle Jahre wieder

D as Weihnachtsfest ist mitnichten unmittelbar nach der Kreuzigung Jesu entstanden. Nach seinem Tod waren seine Anhänger nicht in Feierstimmung, sondern zunächst tief verunsichert. Auch die folgenden Generationen – das sich entwickelnde Ur- und Frühchristentum – feierten den Geburtstag ihres Herrn noch nicht. Erst im 2.-3. Jh. wurde der Beginn des irdischen Lebens Jesu näher betrachtet – allerdings nicht historisch, sondern theologisch. So heißt es in der Schrift *De pascha computus* eines anonymen christlichen Autors im 3. Jh., dass Jesus „an eben dem Tag, an dem die Sonne geschaffen wurde, dem 28. März, einem Mittwoch", geboren wurde. Der Termin am 25. Dezember ist erstmals in einem römischen Kalender des 4. Jh. belegt. Zunächst war das Fest ein Märtyrergedenktag, bis es im 7. Jh. schließlich als Herrenfest ins Kirchenjahr eingeordnet wurde.

Im Mittelalter begannen sich im Umfeld der Weihnachtsliturgie volkstümliche Bräuche (Hirtenspiele) zu entwickeln. Dabei spielten der Inhalt des Festes, aber auch der Termin im Mittwinter sowie der Jahreswechsel eine Rolle.

Zu Weihnachten gehören heute viele beliebte Bräuche. Vor allem die Vorweihnachtszeit ist mit zahlreichen Volkstraditionen ausgefüllt. Dabei war Weihnachten bis zum Ende des 18. Jh. ein rein kirchliches Fest. Erst in der Zeit der Aufklärung etablierte sich die häusliche, familiäre Feier. Wo liegt der Ursprung unserer vertrauten Traditionen in der Weihnachtszeit und wie kam es zu ihrer heutigen Gestalt?

CHRISTBAUM: Als Zeichen der Hoffnung in der kalten Jahreszeit bekränzten schon die Römer ihre Häuser mit Lorbeerzweigen. Das Wintergrün, das zu Jahresbeginn die Häuser schmückte, hat also eine lange Tradition. Erste geschmückte Weihnachtsbäume sind für das 16. Jh. bezeugt. Ursprünglich hatte der Christbaum seinen Platz in mittelalterlichen Mysterienspielen, wo er den Paradiesbaum im Garten Eden symbolisierte. Erst im 19. Jh. fand der Christbaum allgemeine Verbreitung als häuslicher Brauch, zunächst in protestantischen, dann auch in katholischen Wohnzimmern, in denen lange nur die Weihnachtskrippe zu finden war. Und in der Neuzeit haben Juden zum Chanukka-Fest, das in der Weihnachtszeit gefeiert wird, mitunter „Weihnukka"-Bäume geschmückt!

NIKOLAUS UND WEIHNACHTSMANN: Ab dem 10. Jh. nahm der Kult um Bischof Nikolaus von Myra (4. Jh.) großen Auf-

schwung. Legenden rankten sich um ihn und machten ihn zum Patron der Gefangenen und Seefahrer, vor allem aber zum Gabenspender. Im Zuge der Reformation trat das Christkind an die Stelle des Heiligen – Luther hatte Nikolaus als Bescherfigur abgelehnt –, und so rückte die Bescherung vom Nikolaustag auf das Weihnachtsfest. Nikolaus selbst blieb ab dem 17. Jh. die pädagogische Aufgabe, zusammen mit einem Begleiter in die Häuser einzukehren und die Kinder für ihre Taten zu loben oder zu tadeln.

Übrigens: Den Spekulatius, der in der Weihnachtszeit nicht fehlen darf, verdanken wir dem heiligen Nikolaus, der den Beinamen „*speculator*" (lat. Aufseher = Bischof) hatte. Die Motive auf dem Gebäck entstammen der Nikolausgeschichte.

Mit der Verschiebung des Schenkens auf das Weihnachtsfest entstand die Tradition des *Weihnachtsmannes*. Er trägt in verschiedenen Ländern unterschiedliche Namen: *Sinterklaas* bring niederländischen, *Père Noél* französichen Kindern Gaben. In Russland warten die Kinder auf den Schlitten von *Väterchen Frost* und in England auf *Father Christmas*. Der Schweizer *Samichlaus* brachte schon 1775 Tannenbäume in die Häuser. In Finnland freut man sich auf *Jouhupukki*, der aus Lappland anreist. Der amerikanische *Santa Claus* wohnt dagegen am Nordpol. Deutsche Siedler gründeten 1852 im Staat Indiana ein Dorf „Santa Claus". Dort gibt es eine Schule für Weihnachtsmänner. Sein Aussehen erhielt der Weihnachtsmann zuerst als „Herr Winter" im Münchner Bilderbogen des Moritz von Schwind (1854), seine rote Farbe 1931 durch eine Werbeanzeige von Coca Cola.

ADVENTSKRANZ: Dieser verhältnismäßig junge Brauch geht auf den evangelischen Theologen Johann Heinrich Wichern zurück. Im Jahr 1833 gründete er in Hamburg das „Rauhe Haus", wo viele notleidende Kinder und Jugendliche Zuflucht fanden. Im Advent versammelten sie sich zu Andachten um einen großen aufgehängten Holzreifen mit 24 Kerzen. Jeden Tag wurde ein Licht mehr angezündet, so dass an Weihnachten alle Kerzen brannten. Bald schmückten Tannenzweige den Kranz, der immer beliebter wurde und im 20. Jh. schließlich Eingang in die Wohnräume fand – freilich reduziert auf vier Kerzen für die vier Adventssonntage.

KRIPPE UND WEIHNACHTSSPIELE: Zur Vergegenwärtigung historischer und legendarischer Ereignisse haben sich die Weihnachtsspiele als liturgische Dramaturgie der heiligen Geschichte entwickelt. Sie hatten pädagogische Bedeutung und dienten der anschaulichen Vermittlung des Glaubens. Pfarrer inszenierten die Verkündigung der Engel, die Prozession der Hirten und die Anbetung des Kindes im Rahmen der Predigt. In den Volkstraditionen haben sich Einzelszenen daraus bewahrt, wie das Krippen-, Hirten- oder Dreikönigsspiel (ursprünglich Wechselgesänge zwischen den Protagonisten). Franz von Assisi stellte 1223 eine Krippe mit einem lebenden Ochsen und Esel auf. Von den Tieren ist in den Evangelien nirgends die Rede. Sie gelangen aus einem Zitat (Jesaja 1,3: während jeder Ochse und jeder Esel seinen Stall mit dem Futtertrog kennt, findet das Volk Israel nicht mehr zu seinem Zuhause bei Gott zurück) über das Pseudo-Matthäusevangelium aus dem 6. Jh. in die Volkstradition. Mit den Tieren am Futtertrog setzte sich auch das Bild des einfachen Stalls mit der Krippe durch. Nur Lukas erwähnt eine Krippe (Lk 2,16 im Gegensatz zu Mt 2,11, wo die Magier in ein Haus kommen). Im 16. Jh. wurde die Darstellung der Krippenszene immer beliebter, bis sie im 18. Jh. auch in den häuslichen Bereich einzog.

BESCHERUNG: Der Brauch des Schenkens reicht in vorchristliche Zeit zurück: ins alte Rom mit der Feier der Saturnalien. An diesem Fest zu Ehren des Gottes Saturn war es üblich, Sklaven mit Geschenken zu belohnen. Biblisch leitet sich die Bescherung von den Gaben der drei Magier ab. Geschenke an Weihnachten gibt es erst seit dem 16. Jh. Davor war es dem Nikolaus vorbehalten, den Kindern Gaben am Nikolaustag zu bringen. Die Geschenke erinnern auf einer geistlichen Ebene an jene Gabe, die Gott an Weihnachten den Menschen geschenkt hat: das Christuskind. Seit ca. 1800 liegen die Päckchen unter dem heimlich geschmückten Baum und werden erst am Heiligabend, wenn der Baum entzündet ist, ausgepackt.

STERNSINGER: Jedes Jahr am Fest der Epiphanie (6. Januar) ziehen sie von Haus zu Haus, singen, schreiben einen Segensspruch in den Türrahmen und sammeln Spenden für bedürftige Kinder. Neben der Verkleidung erinnert der Stern, den sie bei sich tragen, an die Magier aus Mt 2 (s. Beitrag von Tobias Nicklas S. 24). Bevor das Sternsingen im 20. Jh. in den Dienst der Mission gestellt wurde, war es ein „Heischebrauch": Die Könige sangen ihre Botschaft für eine Gegengabe in Form von Geld oder Naturalien. Die Wurzel des Brauchs liegt wahrscheinlich in den mittelalterlichen Dreikönigsspielen. Seit der Übertragung der Reliquien der Weisen aus dem Morgenland von Mailand nach Köln hatte ihre Verehrung großen Aufschwung bekommen. Am Ende ihres Hausbesuchs schreiben die Stern Singer mit Kreide an die Haustüre: C – M – B, oft missdeutet als Abkürzung der Namen Caspar, Melchior, Balthasar. Es ist vielmehr die Abkürzung für *Christus mansionem benedicat* (Christus segne dieses Haus). ◄ *(wub)*

DER HEILIGE JOSEF IN SPÄTMITTELALTERLICHEN
WEIHNACHTSBILDERN

Das Wesentliche im Unscheinbaren

Man kennt ihn meist als alten Mann, der irgendwo am Rande des Geschehens steht und für die eigentliche Handlung der Geburts- und der Verehrungsszene wenig Bedeutung zu haben scheint. Doch mittelalterliche Bilder vermitteln ein buntes Spektrum an Josefsdarstellungen mit je eigenen theologischen Aussagen. *Von Ines Baumgarth*

Am 1. Juni 2007 war es wieder so weit: Beim festlichen Vespergottesdienst im Aachener Dom zerschlug der Domschmied in Gegenwart von Vertretern der Stadtregierung das Schloss des gotischen Marienschreins, damit die darin verwahrten Reliquien entnommen und den Gläubigen und Pilgern zur Verehrung gezeigt werden konnten. Es handelt sich um Tuchreliquien, und zwar das Kleid Marias aus der Heiligen Nacht, die Windel, in die das neugeborene Jesuskind gewickelt wurde, das Lendentuch Jesu und das Tuch, in dem man das Haupt von Johannes dem Täufer nach der Enthauptung barg.

Seit 1349 finden diese feierlichen Erhebungen der Aachener Reliquien in einem Turnus von sieben Jahren statt. Das Zeigen der „vier großen Reliquien" zog die Pilger in Scharen an und ließ die Aachenfahrt zu einer der bedeutendsten Wallfahrten im deutschsprachigen Raum werden. Bis heute wird die Form der spätmittelalterlichen Reliquienweisung, der Reliquienschau, beibehalten, bei der die Gegenstände eine Woche lang täglich in den Pilgermessen im Dom und auf dem Katschhof den Gläubigen zur Verehrung gezeigt werden. Das Marienkleid und die Windel Jesu aus der Weihnachtsnacht in Betlehem werden dabei „Zeichen der Geburt des Herrn Jesus Christus aus der Jungfrau Maria" und „Zeichen der Menschwerdung unseres Herrn Jesus Christus" genannt.

Der fürsorgliche Nährvater

Für die Magdeburger Schöppenchronik von 1414, die von einer Reliquienweisung in Aachen berichtet, steht offenbar fest, dass es die Hosen des heiligen Josef waren, die als Windeln dienten: *„Des andern dages wart gewiset to Aken das werdige hilgedom unser leven vruwen himmede [...] und Josepes hosen, dar Christus in gewunden wart [...]."*

Bei der „Aachener Windel" handelt es sich um einen dicht gewalkten braunen Wollstoff, der Fragment eines größeren Gewandes ist. Er wird dreifach gefaltet und von gelber Seide umhüllt aufbewahrt. Ursprünglich waren zwei als Windeln bezeichnete Tücher vorhanden, von denen jedoch eines 1874 verloren ging. Bis ins 17. Jh. wurden sie den Gläubigen gezeigt, indem sie der Länge nach über Tragestangen gehängt und horizontal gehalten wurden, wodurch sie unwillkürlich an aufgeschnittene Hosenbeine erinnerten (s. Abb. oben). Vermutlich entstand auf diese Weise die Legende, Josef habe, da er nichts anderes zur Hand hatte, dem Jesuskind aus seinen eigenen Hosen Windeln gefertigt. „Hosen" waren im Mittelalter Beinlinge, hüftlange Strümpfe, die mit Bändern an der Bruch oder am Wams befestigt wurden; erst im 15. Jh. wurden sie zu regelrechten Strumpfhosen zusammengenäht. Und eben solche Beinkleider soll Josef in der Weihnachtsnacht ausgezogen haben, um mit ihnen das Jesuskind zu wärmen.

Wie fest diese Vorstellung in der Volksfrömmigkeit verankert war, zeigen die vielen Darstellungen von „Josefs Hosen" in der Malerei des Spätmittelalters, vor allem im nordwestdeutschen Raum.

Im Mayer van den Bergh-Museum in Antwerpen befindet sich ein kleines Tafelbild aus der Zeit um 1400, Teil eines Quadriptychons, das vermutlich im Rhein-Maas-Gebiet entstand (s. folgende Seite). Vor Gold-

Oben: Zwei Engel zeigen die Josefshosen. Einer Legende zufolge dienten sie als Windel für das Jesuskind. Sie gehören heute zu den vier Aachener Tuchreliquien. Holzschnitt um 1517, verschollen.
Aus: Aachener Kunstblätter 30 (1965), Abb. 17, S. 160

Rechte Seite: Josef, dargestellt als betont fürsorglicher Vater, fertigt eine Windel aus seinen Beinkleidern an. Unbekannter Meister, Tafel eines Turmretabels, Ende 14. Jh., Antwerpen, Museum Mayer van den Bergh.
© akg

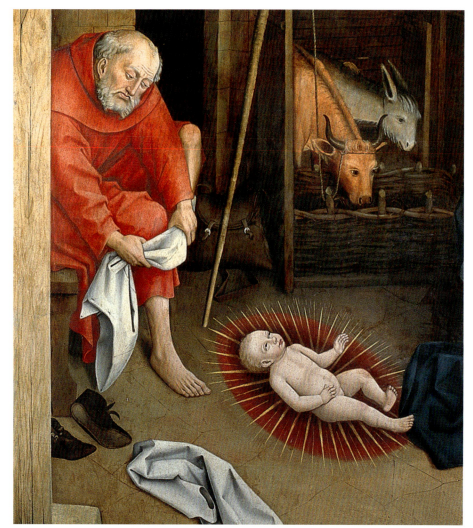

Die meisten Tätigkeiten, die wir Josef auf den Bildern verrichten sehen, stehen nicht in der Bibel

grund, gerahmt durch zwei Felsen, ist die Geburt Christi dargestellt. Die auf einem Polster liegende Gestalt Marias nimmt die Bildmitte ein. Sie ist vollständig in einen blauen Mantel gehüllt, den sie zum Schutz vor der Kälte über Kopf, Hände und Füße gezogen hat. Ein feines weißgrundiges Tuch mit einem Muster aus goldenen Lilien bedeckt das Lager, unter dem Kornähren hervorschauen. Lilien und Ähren verweisen auf das Hohelied (Hld 7,3), in dem die Braut mit den Worten besungen wird: *„Dein Leib ist ein Weizenhügel, von Lilien umstellt."* Maria wendet ihrem Kind, das eine Hebamme in eine aus geflochtenen Zweigen gefertigte Krippe legt, ungewöhnlicherweise den Rücken zu. Ihre ganze Aufmerksamkeit gilt dem vor ihr auf dem Boden sitzenden Josef, der den rechten Strumpf ausgezogen hat und ihn gerade mit einem Messer aufschneidet, damit er als Windel für das nackte Neugeborene dienen kann. Auf einem kleinen Tisch befinden sich eine Flasche, ein Krug, ein Schälchen und ein kleiner Becher sowie ein Löffel. Sie betonen die Rolle Josefs als fürsorglicher Nährvater, zu dem ihn Gottvater ausersehen hat, der mit segnender Gebärde vom Himmel herabschaut.

Das geschäftige Tun Josefs steht mitunter in deutlichem Gegensatz zu der in Anbetung des Kindes versunkenen Maria. Auf einem Tafelbild des Altars in der Sterzinger Frauenkirche (Südtirol), der um die Mitte des 15. Jh. geschaffen wurde (s. oben), ist die Szene

Josef zieht seinen linken Strumpf aus, der rechte liegt schon als Windel bereit. Seine Haltung erinnert an Mosedarstellungen am Horeb, auf denen dieser die Schuhe auszieht. Eines von acht Flügelbildern des Schnitzaltars von Hans Multscher, 1456-1458, Frauenkirche Sterzing (Südtirol).

© Stadtgemeinde Sterzing

der Geburt Christi in einen Stall versetzt. Maria kniet andächtig mit gefalteten Händen vor dem auf dem Boden liegenden nackten Jesuskind, von dem strahlendes Licht ausgeht. Josef dagegen sitzt auf einem Schemel und ist ganz und gar damit beschäftigt, sich seiner Beinkleider zu entledigen. Er zieht sich gerade den linken Strumpf vom Bein, während der rechte schon bereitliegt, um als Windeltuch verwendet zu werden. Im Hintergrund sind die Hirten zu sehen, denen der Engel die Geburt des Messias verkündet: *„Und das soll euch als Zeichen dienen: Ihr werdet ein Kind finden, das, in Windeln gewickelt, in einer Krippe liegt."* (Lk 2,12)

Soll die Darstellung Josefs, der trotz winterlicher Kälte auf seine Strümpfe verzichtet, um das Kind zu wärmen, nur die Armut akzentuieren, in die Jesus hineingeboren wurde? Es fällt auf, dass seine Haltung an Darstellungen Moses vor dem brennenden Dornbusch erinnert, die in typologischen Bildprogrammen traditionell der Geburt Christi zugeordnet wurden. Mose legt auf Geheiß des Herrn seine Schuhe ab, da der Ort der Gegenwart Gottes „heiliger Boden" ist. Könnte es sich nicht auch bei Josef um einen Gestus der Ehrfurcht vor der Gegenwart Gottes in dem hilflosen Kind handeln?

Das Bereiten der Windeln passt gleichwohl in die Weihnachtsbilder des Spätmittelalters, die Josef häufig bei der Verrichtung häuslicher Tätigkeiten darstellen. Er trocknet Windeln am Feuer, hantiert mit Kochgeschirr, holt Brennholz, Wasser oder hilft, das Kind zu baden.

Auf dem Weihnachtsbild des Meisters von Hohenfurth, das er um die Mitte des 14. Jh. für das Zisterzienserkloster Hohenfurth in Böhmen schuf (s. Abb. rechts), hockt Josef zusammen mit einer Hebamme auf dem Boden und gießt aus einem Krug Wasser in einen Zuber, wobei die Hebamme kundig prüft, ob es die richtige Temperatur hat. Offensichtlich bereiten sie ein Bad für das neugeborene Kind vor, das Maria in den Armen hält. Die Hebamme, die auf manchen Darstellungen der Geburt Christi vorkommt, ist dem im Mittelalter populären apokryphen Protevangelium des Jakobus entlehnt, nicht aber die Badeszene. Sie ist ebenso wenig auf Schriftquellen zurückzuführen wie die meisten anderen Tätigkeiten, die wir Josef auf den Bildern verrichten sehen. Für sie finden sich allenfalls Parallelen in den zeitgenössischen Weihnachtsliedern und geistlichen Schauspielen. So heißt es in einem niedersächsischen Weihnachtslied des 15. Jh.:

„Josep zog sine höseken ut, ecce mundi gaudia! Unde makede dem kinde ein windeldok, sine fine laetitia." Nicht immer allerdings fertigt er die Windeln aus seinen Strümpfen, sang man doch im Frankenland:
„Der Josep ziehet sein Hemd gleich aus, und macht dem Kind drei Windlein draus […]."

Der komische Kauz

Auch die volkstümlichen Weihnachtsspiele der Zeit zeigen Josef als den fürsorglichen Nährvater, als den ihn auch die Tafelbilder darstellen. Da diese Spiele zwar einerseits der Erbauung, andererseits jedoch auch der Unterhaltung dienen sollten, wiesen sie mitunter dementsprechend burleske Elemente auf. Josef kommt in ihnen oft die Rolle des komischen Alten zu. Im Hessischen Weihnachtsspiel, das in der überlieferten Form aus der Mitte des 15. Jh. stammt, wird er bei der Herbergssuche von einem Wirt als Lügner verspottet, in einer anderen recht derben Szene zankt er sich mit zwei Mägden herum, die ihn als „alden zegenbart" anreden. In dem nur wenig älteren Erlauer Weihnachtsspiel reicht er sogar leutselig seine Weinflasche herum, um die Geburt des Kindes zu feiern. Doch soll die Einfalt des Alten nicht nur der Belustigung dienen, sondern Jugend, Anmut und Klugheit Marias kontrastieren.

Während wir Josef von älteren Darstellungen der Geburt Christi eher in einer Nebenrolle kennen, die ihn, meist am Bildrand, nachsinnend, den Kopf in die Hand gestützt, oder sogar eingeschlafen zeigen, avanciert er im Spätmittelalter zuweilen regelrecht zum Protagonisten. Conrad von Soest schuf um 1400 für den Altar der Wildunger Stadtkirche ein Weihnachtsbild (s. Abb. folgende Seite), bei dem die Blicke des Betrachters unwillkürlich von der Gestalt Josefs im Vordergrund gefesselt werden.

Ein löchriges Strohdach überfängt die Szene. Maria liegt unter einer hellroten

Josef bereitet mit der Hebamme ein Bad zu. Während er aus einem Krug Wasser in einen Bottich gießt, prüft die Hebamme die Temperatur. Meister von Hohenfurth, um 1340-1350, Nationalgalerie, Prag. © akg

Decke, die die gesamte Bildmitte ausfüllt, und umarmt ihr Kind, dahinter fressen Ochs und Esel aus einer Krippe, daneben, im Hintergrund, ruft ein Engel einem Hirten die frohe Botschaft zu. Von all dem scheint Josef nichts wahrzunehmen. Er hat sich vielmehr von seinem Schemel erhoben, um der Wöchnerin eine Mahlzeit zu kochen. Auf dem Boden kniend, beugt er sich tief hinunter zur Feuerstelle und bläst so eifrig in die Glut, dass die Flammen um den kleinen eisernen Dreifuß hochschlagen. Zuvor hat er eine Schüssel mit Löffel bereitgestellt und einen Krug sorgfältig mit einem Schälchen abgedeckt. Indem Josef am Boden gezeigt wird, auf den er sich zudem mit der Hand stützt, werden die demütige Haltung und der Gehorsam sinnfällig gemacht, mit der er seine Aufgaben als Ziehvater Jesu erfüllt. Der Erdboden (lateinisch *humus*) steht für Demut (lateinisch *humilitas*). Aus diesem Grund wird in der spätmittelalterlichen Tafelmalerei – wie am Sterzinger Altar – auch häufig das Jesuskind am Boden liegend, ganz „erniedrigt", dargestellt. Und doch ist es gerade diese Demut, die Josef auf dem Wildunger Altar in seinem bescheidenen Tun ganz in den Vordergrund rückt, und diese besondere Stellung wird dadurch unterstrichen, dass sich allein an seiner Kleidung, an den Strümpfen und der Kopfbedeckung, das leuchtende Ultramarin wiederholt, in dem das Gewand Marias gehalten ist.

Welche Bedeutung die Gestalt Josefs gegen Ende des Mittelalters erlangt hatte, wird an dem berühmten, heute im Prado befindlichen Triptychon (um 1510) des Hieronymus Bosch sichtbar (s. Abb. S. 49), das auf der Mitteltafel die Anbetung der Könige zeigt. Bosch

Josef bereitet eine Mahlzeit zu. Conrad von Soest, Triptychon, linker Flügel, 1403/1404 (Wildunger Altar), Bad Wildungen (Stadtkirche St. Nikolaus). © akg

Später war man der Ansicht, dass ein Brei kochender Josef die Kirche lächerlich mache

Oben: Josef trocknet Windeln über dem Feuer. Detail aus dem Triptychon von der Epiphanie von Hieronymus Bosch, (Gesamtansicht rechts), 2. Hälfte 15. Jh. Die Detailszene findet sich etwa in der Mitte des linken Flügels. Museo del Prado, Madrid. © akg

LESETIPP

JOSEF – VATER JESU
Im Februar erscheint in unserer Zeitschriftenreihe BIBEL HEUTE eine Ausgabe zur Figur des „Josef – Vater Jesu". Vorbestellungen jetzt beim Katholischen Bibelwerk möglich, Adresse S. 72.

rückt Josef aus dem Mittelpunkt des Geschehens heraus, indem er ihn in den Hintergrund des linken Seitenflügels versetzt, dort aber billigt er ihm einen eigenen Bildraum zu, in dem er ohne Begleitfiguren alleine dargestellt ist.

Josef sitzt, bekleidet mit einer hellen Kutte, ein Tuch auf dem Kopf, auf einem umgestürzten Korb in einer Ruine, geschützt durch ein notdürftiges Dach, und trocknet ein Windeltuch am Feuer. Das Motiv des Windeln trocknenden Josefs findet sich bereits auf flämischen Tafelbildern des späten 14. Jh., doch erhält es nie den Rang einer eigenständigen Szene wie bei Bosch. Josef ist nur scheinbar eine unwichtige Nebenfigur. Vielmehr zieht er die Blicke unwillkürlich auf sich. Sein helles Gewand hebt ihn vor dem dunklen Hintergrund ab, und obwohl er dem Betrachter den Rücken zukehrt, sieht er ihn doch als einzige aller Figuren über die Schulter direkt an.

Das Tugendvorbild

Die Aufmerksamkeit, die Josef seit dem 14. Jh. in manchen Weihnachtsbildern zuteil wurde, spiegelt das zunehmende Interesse wider, das seiner Gestalt entgegengebracht wurde. Damals bemühten sich vor allem die Franziskaner darum, die Verehrung Josefs in weiten Kreisen zu verbreiten. Seit dem 15. Jh. befassten sich theologische Traktate mit seiner Person und stellen ihn als Tugendvorbild dar. Dieser Josef, der Beschützer Marias und Nährvater Jesu, wurde zu einem volkstümlichen Heiligen, der den Nöten der Menschen besonders verbunden schien. Doch veränderte sich das Bild Josefs mit der Zeit. Im 17. Jh., als die Josefsverehrung mit der Aufnahme des Josefsfestes in den Kirchenkalender (1621) einen Höhepunkt erreichte, empfand man es auf einmal als ungebührlich, den Heiligen bei der Verrichtung häuslicher Tätigkeiten zu zeigen. Schon Johannes Molanus, Theologe an der Universität von Löwen, bemängelte in seinem Werk „De Picturis et Imaginibus Sacris" von 1570, dass Josef in der älteren Malerei als Einfaltspinsel dargestellt worden sei, der kaum bis fünf zählen könne, und dass solche Bilder schuld daran seien, wenn im Volksmund ein unbeherzter und ungeschickter Mann als Josef bezeichnet würde. Und Johannes Eck war der Ansicht, dass die Weihnachtsspiele, in denen Josef Brei koche, die Kirche lächerlich machten. Einen kochenden oder Windeln trocknenden Josef sucht man folgerichtig auf barocken Weihnachtsbildern vergeblich.

An der Josefsgestalt in der Kunst des Spätmittelalters zeigt sich, wie die Menschen der Zeit sich dem Geheimnis der Menschwerdung zu nähern suchten: Das aus dem alltäglichen Leben Vertraute und Bekannte, das man im Umkreis der Geburt Christi fand, ließ das Unfassbare begreifbarer werden. Und gerade der oft hinter Maria zurückstehende Josef half darin, indem er in seinem scheinbar nebensächlichen Tun zur Mitte der Weihnachtsbotschaft führte. ◄

EINBLICKE IN DIE FRÜHE LITURGIE DES GEBURTSFESTES CHRISTI

Die Fleischwerdung des Wortes – Ein Geheimnis findet zu seinem Fest

Die frühesten Liturgien des Weihnachtsfestes zeigen, was unsere christlichen Vorfahren im neugeborenen Jesuskind sahen. Anhand der Texte, Orte und Zeiten, die sie auswählten, können wir heute zurückschließen, welch tiefe religiöse Bedeutung ihr Weihnachtsfest hatte.

Von Stephan Wahle

Der große nordafrikanische Bischof von Hippo, Aurelius Augustinus (354-430), schreibt im Jahre 400 einen Brief an einen nicht näher genannten Januarius. Januarius hatte nach der Datierung des Ostertermins gefragt und Augustinus kommt in seiner Antwort zugleich auf den Unterschied von Ostern und Weihnachten zu sprechen: *„Du musst wissen, dass der Geburtstag des Herrn nicht im Sinne eines Mysteriums gefeiert wird, sondern dass nur die Tatsache seiner Geburt ins Gedächtnis gerufen wird."* (Augustinus, ep. 55,2)

Augustinus bewertet hier das Weihnachtsfest als Fest der bloßen Erinnerung, als *memoria* an das historische Ereignis der Geburt Jesu Christi. Im Gegensatz zu Ostern wird der Feier des Geburtstages Jesu Christi keine sakramentale Bedeutung zugeschrieben. In der historischen Tatsache der Geburt des Herrn offenbart sich nach Augustins Einschätzung nicht das *Mysterium* des Erlösungsgeschehens – das ist allein in Leiden, Tod und Auferstehung gewirkt. Lag also der Grund für die Etablierung des *Natalis Domini nostri Jesu Christi*, des „Geburtstages unseres Herrn Jesus Christus", nur in einem gestiegenen historischen Interesse an Person und Leben Jesu?

Allerdings scheint Augustinus nicht sein Leben lang bei dieser Einschätzung geblieben zu sein, wenn man auf seine späteren Weihnachtspredigten schaut. Weniger als 50 Jahre später hält Leo der Große (440-461) als Bischof von Rom seine bedeutenden Weihnachtshomilien, in denen das Weihnachtsfest nicht mehr allein aus historisierendem Interesse am Lebenslauf des Jesus von Nazaret begangen wird. Für Leo bedeutet die Geburt des Herrn in Anlehnung an den späten Augustinus bereits den Beginn des Erlösungsmysteriums. Er wertet das Geburtsgeschehen selbst als ein Mysterium: als Fundament und sichtbares Offenbarwerden des göttlichen Heilsplans der Erlösung. In diesem Sinne ruft Leo seiner Gemeinde zu Beginn der zweiten, überlieferten Weihnachtspredigt um das Jahr 450 zu:

„Geliebteste! Lasst uns frohlocken im Herrn, lasst uns im Geiste vor Freude jauchzen; denn erschienen ist der Tag, der uns neue Erlösung bringt, auf den die alten Zeiten hinweisen, und der uns ewiges Glück beschert! Kehrt doch alljährlich das Geheimnis unseres Heiles wieder, jenes Geheimnis, das von Anfang an verheißen wurde, am Ende der festgesetzten Zeit in Erfüllung ging und endlos dauern soll." (Leo der Große, Sermo XXII,1).

Dieses Geheimnis sieht Leo in der Menschwerdung (Inkarnation) erfüllt, darin also, dass der Sohn Gottes menschliche Natur annimmt. Vergleicht man das Zitat Leos mit der Position des frühen Augustinus lässt sich eine theologische Entwicklung feststellen: Die Fleischwerdung des Wortes Gottes wird deutlicher als der Anbruch der Erlösung von Mensch und Welt verstanden. Eine stärker auf die Person Christi ausgerichtete Frömmigkeit beginnt sich auszubreiten. Sie ist vor allem am Heilsgeschehen der „Gottesgeburt" interessiert, weniger an der historisch-biografischen Tatsache der Geburt Jesu. Wenn heute an Weihnachten allein das Kind in der Krippe als Ausdruck einer Familienidylle fasziniert, aber nicht als Heilsbringer, als Retter, mit dem die Gottesherrschaft sichtbar in unsere Zeit eingebrochen ist, dann entsteht ein Widerspruch zur altkirchlichen Weihnachtstheologie.

Weihnachten und Epiphanie in Ost und West

Bis zur Mitte des 4. Jh. fehlen eindeutige Quellen, die auf eine liturgische Feier der Geburt Jesu Christi verweisen, auch wenn Überlegungen zum Geburtstermin bereits im 2. Jh. angestellt werden (vgl. Beitrag Martin Wallraff, S. 10). Ostern ist bis dahin das einzige Jahresfest der Christenheit. Erst in der ersten Hälfte des 4. Jh. bilden sich weitere Christusfeste heraus – Feste also, die

Die Anbetung der Hirten, wie der Maler Rembrandt sie sah. Seine Komposition ist darauf angelegt, das Kind winzig erscheinen zu lassen, das dennoch Gott ist. Den Kern der altkirchlichen Weihnachtstheologie bildet die Aussage, dass durch den Tausch der göttlichen mit der menschlichen Natur die Würde aller Menschen wiederhergestellt wird. Rembrandt stellt die große Bedeutung der unscheinbaren Geburt durch den aus sich heraus strahlenden Säugling und die obere Zone des Bildes dar: Das Geschehen beschränkt sich nicht auf die historische, familiäre Szene unten, sondern es weist – wie die aufsteigenden Linien im Bild, etwa die diagonal über der Menschengruppe aufragenden Holzbalken – durch das Stalldach hinaus in den Nachthimmel. 1646, London, National Gallery. © akg

Ereignisse und Erzählungen aus dem Leben Jesu feiern. Weshalb unabhängig voneinander zwei Geburtsfeste entstehen – am 6. Januar (mit der griechischen Bezeichnung *epiphaneia*) und am 25. Dezember (mit der lateinischen Bezeichnung *natale* oder *nativitatis Domini nostri Jesu Christi*) – liegt teilweise immer noch im Dunkeln. Jedenfalls breiten sich beide Feste erstaunlich schnell aus und werden neben Ostern zu einem zweiten Pol des Kirchenjahres. In der ausgehenden Antike wird dem Weihnachtsfest theologisch mitunter sogar mehr Bedeutung zugemessen als dem Ostergeschehen. Deshalb zählen wir bis heute die Jahre seit dem Geburts- und nicht seit dem Todesjahr Jesu Christi – zu Beginn des 6. Jh. hat der Mönch Dionysius Exiguus diese christliche Zeitrechnung eingeführt.

Blicken wir aber auf die konkrete, liturgische Gestalt von Weihnachten und Epiphanie, um dort Gründe für die Einführung der neuen Feste zu finden. Ein erster Einblick führt in die bedeutende Jerusalemer Epiphanieliturgie des späten 4. und frühen 5. Jh.

Ein Blick nach Jerusalem

Neben dem Reisebericht der Pilgerin Egeria (um 380) liefert das sogenannte Armenische Lektionar eine umfassende Darstellung der Liturgie des Epiphaniefestes in Jerusalem in den Jahren um 415. Während heute in der Westkirche an Epiphanie die Ankunft der drei Magier gefeiert wird (s. u.), kreist die altkirchliche Jerusalemer Liturgie klar um das Geburtsmysterium. Am 25. Dezember wird das Gedächtnis von Jakob und David gefeiert.

Das Besondere an der Jerusalemer Epiphanieliturgie ist, dass – vergleichbar mit den anderen Jahresfesten – die Gläubigen an den historischen Stätten des Lebens und Sterbens Jesu die Festliturgien möglichst zur genau überlieferten Stunde feierten. Die Geburt Jesu zu begehen, erwuchs also zunächst einmal aus einem gestiegenen Interesse an den historischen Überlieferungen des Lebens Jesu und einem gewissen „pastoralen Bedürfnis" nach entsprechenden Gedächtnisfeiern. Und so begannen die Feierlichkeiten bereits am Nachmittag des 5. Januars auf den Hirtenfeldern bei Betlehem mit einer kleinen Andacht *(Statio)*, in der das Evangelium von der Verehrung des Kindes durch die Hirten gelesen wurde (Lk 2,8-20). Vom Hirtenfeld aus ging man dann zur Krypta der Geburtsbasilika, wo sehr wahrscheinlich ein Wortgottesdienst mit Verkündigung der Geburtsgeschichte nach Matthäus (Mt 1,18-25) erfolgte. In der Basilika selbst fand dann ein umfangreicher Vigilgottesdienst mit elf alttestamentlichen Lesungen, der Lesung eines neutestamentlichen Briefes und des Evangeliums von der Verehrung des Kindes durch die Magier (Mt 2,1-12) statt. Hier fällt eine große inhaltliche Nähe zur Jerusalemer Ostervigil auf, denn neben den Lesungen über die prophetischen Verheißungen einer göttlichen Geburt sind auch Abschnitte aus der Schöpfungsgeschichte (Gen 1,28-3,20), aus dem Bericht über den Durchzug der Israeliten durch das Schilfmeer (Ex 14,24-15,2) sowie die Erzählung von den drei Jünglingen im Feuerofen (Dan 3,1-90) vorgesehen. Am 6. Januar selbst wurde schließlich in der Anastasisbasilika

Die Inhalte von Weihnachten und Epiphanie

JERUSALEM/OSTKIRCHE:

	Weihnachten, 25. Dezember	Epiphanie, 6. Januar
4. Jh./5. Jh.	Gedächtnis Jakobs und Davids	Geburt Jesu
seit 6. Jh.	Geburt Jesu *(wandert zum 25. Dezember)*	Taufe Jesu, Anbetung der Magier, Hochzeit zu Kana (die sog. „tria miracula")

ROM/WESTKIRCHE:

	Weihnachten, 25. Dezember	Epiphanie, 6. Januar
seit 4. Jh.	Inkarnation	Anbetung der Magier (heute: Erscheinung des Herrn, „Dreikönigsfest")

6. Januar, Dreikönigstag im Vatikan: An Epiphanie verkleiden sich viele Menschen – nicht nur als Magier wie die drei Männer auf dem Bild – und ziehen entlang der Via della Conciliazione auf den Petersplatz. In Italien feiert man am 6. Januar auch den „Tag der Befana". Befana, von ital. *Epifania*, ist eine freundliche alte Hexe, die der Legende nach zu spät aufgebrochen war, nachdem sie von den Hirten vom Jesuskind gehört hatte, um ihm zu huldigen und nun an diesem Tag jedem braven Kind ein Geschenk macht in der Hoffnung, dass das Jesuskind dabei ist. Böse Kinder erhalten nur ein Stück Kohle. In der Nacht zum 6. Januar hängen die Kinder Strümpfe auf. Die biblischen Erzählungen, die selbst bereits Tradition sind, haben dem Volksglauben immer wieder Aufhänger zu neuen Ausschmückungen geboten. © KNA-Bild

(Grabeskirche), dem Mittelpunkt des christlichen Jerusalems, die Eucharistie mit erneuter Verkündigung der Geburtsgeschichte nach Matthäus gefeiert. Somit wird deutlich: Epiphanie ist hier klar vom Mysterium der Geburt Christi geprägt, wie sie bei Lukas und Matthäus überliefert ist.

Erst im 6. Jh. überlagert das Gedächtnis der Taufe Jesu mit der Segnung des Taufwassers den Jerusalemer Epiphaniegottesdienst, während das Geburtsgedächtnis – beeinflusst durch die westliche Festtradition – auf den 25. Dezember wandert. Diese Entwicklung wird im sogenannten Georgischen Lektionar greifbar, das die Jerusalemer Liturgie des 5.-8. Jh. enthält. Die vier geschilderten Stationsgottesdienste mit ihren Lesungen und Evangelien verlagern sich vom 5. und 6. Januar auf den 24. und 25. Dezember, sodass nun die Vigilfeier in der Nacht zum 25. Dezember die Bezüge zur Osternacht herstellt. Das Epiphaniefest in Jerusalem und im Osten des christlichen Reiches bestimmen von nun an drei Festinhalte: Taufe Jesu, Verehrung des Kindes durch die Magier und das erste Wunderwirken Jesu bei der Hochzeit zu Kana. Diese drei Heilsgeheimnisse werden auch die „tria miracula", die drei Wunder der Manifestation der Herrlichkeit Jesu, genannt.

Die nächtliche Vigilfeier sowie die Lesungen aus der Osternacht führen zu einem zweiten Motiv zur Ausgestaltung der Jerusalemer Epiphanie- bzw. Weihnachtsliturgie: eine bewusste Deutung der Geburt im Lichte des österlichen Erlösungsmysteriums.

Ein Blick nach Rom

Und wie verläuft die Entwicklung im Westen? In Rom gibt es zunächst nur eine einzige Messfeier am Morgen des 25. Dezembers, die der Papst in St. Peter im Vatikan feiert. Und auch die inhaltliche Ausrichtung dieser Messe ist eine andere als in Jerusalem: Schon die frühesten Belege zeigen, dass als Festtagsevangelium der Johannesprolog (Joh 1,1-14/18) vorgetragen wurde. Österliche Lesungen finden sich – nach bisherigem Kenntnisstand – hier nicht, obwohl der alttestamentliche Schöpfungstext gut zum Johannesprolog mit seinem Gedanken des präexistenten Logos (siehe Erklärung S. 55) gepasst hätte. In der gesamten Messe ist von Maria und Josef nicht die Rede. Die Geburtstexte der Evangelisten Matthäus und Lukas spielen keine Rolle – weder die Engel, noch die Hirten, noch die Magier aus dem Morgenland – sondern allein die theologische Aussage: „Und das Wort ist Fleisch geworden und hat unter uns gewohnt" (Joh 1,14). Doch dieses Festtagsevangelium deckt die Spur zur Einführung des römischen Weihnachtsfestes auf: die hochtheologische Einordnung der Geburt Christi als Inkarnationsgeschehen des präexistenten Wortes Gottes.

Bei dieser einzigen Messfeier ist es aber nicht geblieben. Papst Gregor der Große (590-604) berichtet von dem bis heute erhaltenen Brauch dreier Weihnachtsmessen. So kommt als Erstes eine Mitternachtsmesse (missa in nocte) hinzu, die in der um 440 errichteten Basilika S. Maria Maggiore auf dem Esquilin gefeiert wurde – später richtete man hier eine Nachbildung der Geburtsgrotte von Betlehem ein. Durch diese Messe erfolgt eine Orientierung an der Jerusalemer Stationsliturgie. Auf der Ebene der Lesungen erfolgt zwar keine Annäherung an die Osternacht, doch das Motiv der Nacht wird – analog zum Osterfest – zu einer beherrschenden theologischen Metapher für das gesamte Weihnachtsfest. Auch wenn das Neue Testament nirgends die Geburt Christi in die Nacht terminiert, so beginnt das Weihnachtsfest von nun an in der „hochheiligen Nacht, in der das wahre Licht aufstrahlt" (Oration der Mitternachtsmesse): Christus, das „Licht aus der Höhe" (Lk 1,78), das Licht, das in der Finsternis leuchtet (vgl. Joh 1,5). Als Evangelium für diese Mitternachtsmesse war die Geburtserzählung nach Lukas (Lk 2,1-14) vorgesehen. Zudem war die Kirche S. Maria Maggiore zu Ehren Mari-

Armenisch-orthodoxe Liturgie in der Geburtsgrotte unter der Geburtsbasilika in Betlehem. Um 420-440 begann die Weihnachtsliturgie am Nachmittag des 5. Januars auf den Hirtenfeldern. Man las das Evangelium von der Verehrung des Kindes durch die Hirten. Dann stieg man in die Geburtsgrotte in der Basilika hinab, um der Geburtsgeschichte nach Matthäus zu lauschen. Oben in der Kirche fand dann ein Vigilgottesdienst mit 12 Lesungen und dem Evangelium von der Verehrung des Kindes durch die Magier statt.
© KNA-Bild

FEIERN DIE ORTHODOXEN KIRCHEN AM 6. JANUAR WEIHNACHTEN?

Nein, sie feiern Weihnachten ebenfalls am 25. Dezember, nur orientieren sich einige orthodoxe Kirchen liturgisch am julianischen Kalender, der bis heute 13 Tage hinter dem Sonnenstand zurückliegt, sodass Weihnachten scheinbar auf den 7. Januar (nach gregorianischem Kalender) fällt. Epiphanie (unser 6. Januar) fällt auf den 19. Januar. Nur die armenisch-orthodoxen Christen, die den gregorianischen Kalender übernommen haben, feiern die Geburt Christi wirklich am 6. Januar und Epiphanie am 18. Januar (siehe auch den Kasten „Kalender" S. 23). hk/wub

---

ens errichtet worden, kurz nachdem das Konzil von Ephesus (431) die Mutter Jesu zur Gottesgebärerin (theotokos) erklärt hatte – womit die Verehrung der jungfräulichen Geburt einherging.

Ab dem 6. Jh. kommt eine dritte Messe in der Frühe des 25. Dezembers (missa in aurora) in der byzantinischen Hofkirche am Palatin, St. Anastasia, hinzu (Evangelium: die Anbetung des Kindes durch die Hirten in Lk 2,15-20). Der Grund für die Einführung dieser Messe ist allerdings nicht theologischer Natur. Der Papst feiert

Der „Gott-Mensch" hat unter dem Menschen sein Zelt aufgeschlagen: Hatten die frühchristlichen Konzilien Einfluss auf das Weihnachtsfest?

Das erste ökumenische („weltweite") Konzil von Nizäa (325) hat sich an keiner Stelle mit einem Geburtsfest Jesu Christi auseinandergesetzt, weil es wohl noch gar nicht existierte. Dennoch hat es sicherlich zur raschen Verbreitung eines Geburtsfestes im 4. und 5. Jh. beigetragen, dass in Nizäa die Lehren des Presbyters Arius (er leugnete die Wesensgleichheit und Gleichewigkeit von Gott Vater und Sohn) verurteilt wurden und dass Christus auf dem Konzil von Chalcedon (451) als *„wahrer Gott und wahrer Mensch"* herausgestellt wurde. Es ist bemerkenswert, dass im Gegensatz zum Osterfeststreit die beiden Geburtstermine in Ost (6. Jan.) und West (25. Dez.) keinen Anlass zur Kontroverse gegeben haben. Anscheinend waren beide Feste so schnell und stark verankert, dass eine ökumenische Einigung auf einen einzigen „Weihnachtstermin" nicht möglich war.

Der späte Augustinus und dann Papst Leo d. Gr. feiern eine Weihnachtsliturgie, in der die Geburt Jesu Christi sichtbar den Retter und Heilsbringer offenbart. Als „Gott-Mensch" hat er unter den Menschen sein Zelt aufgeschlagen, wie es die Konzilien von Jesus Christus aussagen.

Apsismosaik S. Maria Maggiore in Rom: Maria wird durch Christus zur Theotokos gekrönt, zur „Gottesgebärerin", damit wird die Geburt Jesu zur Gottesgeburt. Das wirkt aufs Weihnachtsfest – eine Station wird bereits im 4. Jh. in dieser Kirche gefeiert. Mosaik 1295. © akg

Am Beispiel des Psalmverses Ps 2,7 *(„Mein Sohn bist du, heute habe ich dich gezeugt")* lässt sich verdeutlichen, wie die Idee des „gezeugten Sohnes" und „Gott-Menschen" Gestalt annimmt. Das große Glaubensbekenntnis, das Nizäno-Konstantinopolitanum (381), verarbeitet diesen Psalmvers, wenn es Christus mit folgenden Worten kennzeichnet: *„Gott von Gott, Licht vom Licht, wahrer Gott vom wahren Gott, gezeugt, nicht geschaffen, eines Wesens mit dem Vater."* Derselbe Psalmvers eröffnet die römische Mitternachtsmesse, er ist quasi ihre Überschrift. *Ex abrupto* – plötzlich – erklingt der Vers zu Beginn der Heiligen Nacht in der Basilika S. Maria Maggiore. Das Motiv des „Heute" („heute habe ich dich gezeugt") drückt das liturgische Zeitverständnis aus:

- Die *ewige* Zeugung des Sohnes durch den Vater vor allen Zeiten,
- seine *historische* Geburt sowie
- die Ankunft des erhöhten Sohnes bei der *heute* versammelten Gemeinde

werden in der Feier der weihnachtlichen Liturgie erinnert und vergegenwärtigt. Die Messen feiern auf ihre Weise die gnadenvolle *Ankunft Christi im Fleische*.

Hier, nächtens in S. Maria Maggiore, erhält die Überschrift der römischen Weihnachtsliturgie, Ps 2,7, eine neue Aussage: Das gefeierte neugeborene Kind ist der präexistente *Sohn Gottes*. Das haben die ersten Christen durch die Ereignisse von Tod und Auferstehung erkannt. Sie legen diese Erkenntnis („er ist der *ewige* Sohn Gottes") – und damit die Verurteilung der arianischen Häresien – in die Weihnachtsliturgie hinein. In der Geburtsliturgie ist der Ort und die Zeit des sichtbaren Herrschaftsantritts des Sohnes Gottes, der sich in der Annahme menschlicher Natur „erniedrigt" hat, vom Himmel herabgestiegen ist. Die Christologie der ersten ökumenischen Konzilien war stark von der Vorstellung geprägt, dass der ewig aus dem Vater gezeugte Sohn in Raum und Zeit herabgestiegen ist und „Fleisch" angenommen hat. Im Glauben an die Gegenwart des erhöhten Christus feiert die Liturgie des Geburtsfestes zugleich die Erwartung an die endzeitliche Ankunft Christi in der Welt. ◄

(Stephan Wahle)

INKARNATION
Fleischwerdung (von lat. *carnum*, „Fleisch"), der theologische Begriff für das Geheimnis, dass Gott in Jesus ganz Mensch aus Fleisch und Blut wird.

PRÄEXISTENT
„Vorher existent", schon immer vorhanden, bezeichnet theologisch, dass Jesus vor seiner Fleischwerdung seit Ewigkeit bei Gott war.

VIGIL
Von lat. *vigilare*, „wachen", nächtlicher Gottesdienst, „Nachtwache" vor großen Festen, wird besonders feierlich in der Osternacht und in der Nacht zum 25. Dezember gefeiert.

OKTAV
Von lat. *oktavus*, „der Achte", bezeichnet den achten Tag nach einem Hochfest bzw. die liturgische Festwoche. Ostern und Weihnachten haben eine Oktav.

diese Messe aus Verbundenheit mit den byzantinischen Christen Roms, die am 25. Dezember das Gedächtnis ihrer Titelheiligen begehen. Die ausgedehnte römische Weihnachtsliturgie verbreitet sich im Frankenreich seit dem 8. Jh. und findet somit in der ganzen westlichen Kirche Eingang. Bedeutende mittelalterliche Kathedralkirchen des Westens, etwa in Köln, adaptieren die Stationsliturgie auf die lokalen, topografischen Verhältnisse. Die Gebete und Gesänge der drei Messen sind vom bekennenden Glauben an die Gottheit Christi geprägt. Erst seit dem (Spät-)Mittelalter entwickelt sich eine Jesusfrömmigkeit, die stärker an der menschlichen Geburt Jesu und deren Begleitumständen interessiert ist, aus der eine „enttheologisierte Krippenfrömmigkeit" erwächst.

Wie das Epiphaniefest im Westen gestaltet wurde, darüber geben wiederum Predigten Leos d. Gr. Auskunft. In Rom wird die Anbetung der Magier zum bestimmenden Motiv des Erscheinungsfestes, nicht die „*tria miracula*", in denen sich nach östlichem Verständnis die Epiphanie des Herrn, d. h. seine eschatologische Herrlichkeit, manifestiert. Mit dieser Einschränkung setzt auch eine Abwertung des Festes ein. Gefördert durch die Überführung der Gebeine der „Heiligen Drei Könige" nach Köln im Jahre 1164 hat sich der theologische Gehalt der römischen Epiphanieliturgie – vor allem in der deutschen Volksfrömmigkeit – zu einem Heiligenfest gewandelt, sodass der Ausdruck „Dreikönigsfest" geläufig geworden ist. Von der historischen Wurzel ist das weit entfernt.

Ausgestaltung zum Weihnachtsfestkreis – der Advent

Wiederum in deutlicher Parallele zum Osterfest entwickelt sich nach und nach ab Ende des 4. Jh. ein eigener Festkreis mit einer vorausgehenden Vorbereitungszeit, dem Advent, einer eigenen Festwoche, der *Oktav*, und einer nachfolgenden Festzeit. Der lateinische Ausdruck *adventus* (Ankunft) bildet eine Übertragung des griechischen *epiphaneia* (Erscheinung, Ankunft) – ursprünglich bezog sich der Advent auf das Epiphaniefest in seinem eschatologischen Gehalt.

In der westlichen Liturgie ist nun zwischen einem gallischen und einem römischen Traditionsstrang zu unterscheiden. Buße, Umkehr, Fasten, Erwartung der Wiederkunft des Herrn prägen den Advent der älteren gallischen Tradition, auch unter Einfluss irischer Mönche. Gottesdienstliche Feiern drücken diesen asketischen und eschatologischen Charakter des Advents durch das Weglassen des Glorias, Hallelujas und des Tedeums (im Stundengebet) sowie durch das Tragen violetter Messgewänder aus. Die Dauer des Advents variiert in den Quellen, wobei der 11. November (St. Martin) zu einem Fixtermin avanciert (40 Tage bis zum 6. Januar, Samstage und Sonntage ausgenommen).

In Rom gibt es eine Adventszeit vor dem 25. Dezember erst spätestens ab dem 6. Jh. Typisch ist hier die Vorfreude auf die Ankunft des Herrn. Erst durch die Messbücher des 12./13. Jh. kommt es zur vierwöchigen Adventszeit, wobei sich der römische Traditionsstrang durchsetzt (aber mit „gallischem" Wegfall des Glorias, und der liturgischen Farbe Violett) und bis heute durch einen Doppelcharakter auszeichnet: Bis zum 16. Dezember steht die Wiederkunft Christi am Ende der Zeiten im Vordergrund, ab dem 17. Dezember rückt die Vorfreude auf das Geburtsfest ins Zentrum der Liturgie.

Seit dem 7. Jh. besitzt das Geburtsfest auch eine eigene Oktav, eine achttägige Feier, die am 1. Januar, dem Neujahrstag, festlich endet. Hier findet in römischer Tradition neben der Geburt vor allem das Gedächtnis der Beschneidung Jesu (zunächst zusammen mit seiner Darstellung im Tempel) statt. Nach päpstlicher Tradition wird allerdings eine Messe mit marianischem Charakter gefeiert, die vielleicht auf ein nicht mehr feststellbares, älteres Marienfest verweist. Die in den Sakramentaren belegten Gedenktage des Erzmärtyrers Stephanus am 26. Dezember, des Apostels Johannes Evangelist am 27. Dezember und der Unschuldigen Kinder am 28. Dezember gelten seit dem Frühmittelalter als die *Comites Christi*, das „Ehrengefolge Christi". Der 40. Tag nach Weihnachten, der 2. Februar, beschließt mit dem Gedächtnis an die Darstellung Jesu im Tempel die weihnachtliche Festzeit.

Weihnachten als Fest der Befreiung

Kommen wir auf die eingangs formulierte Problemstellung zurück: Feiern wir an Weihnachten ein Fest der Erlösung? In der Sprache des Gebets gibt die Weihnachtsliturgie selbst eine Antwort. Im Tagesgebet der Weihnachtsmesse am Tage, ein Text Leos des Großen, betet die Kirche noch heute mit folgenden Worten:

„Allmächtiger Gott, du hast den Menschen in seiner Würde wunderbar erschaffen und noch wunderbarer wiederhergestellt. Lass uns teilhaben an der Gottheit deines Sohnes, der unsere Menschennatur angenommen hat." (Messbuch für die Bistümer des deutschen Sprachgebietes. Freiburg i. Br. u. a. 1975/²1988, S. 42)

In diesem Gebet wird der Gedanke der „Würde", konkret: der Menschenwürde, angesprochen, lange vor seiner neuzeitlichen Erwähnung in der Aufklärung. Leos Theologie geht von dem Gedanken aus, dass das Werk der Erlösung noch wunderbarer ist als das Werk der Schöpfung. An Weihnachten wird nun der „heilige Tausch" der ewig göttlichen Natur des Logos mit der menschlichen Gestalt des neugeborenen Kindes gefeiert, der die Würde menschlicher Natur wiederherstellt. Bereits Weihnachten vermittelt die im Ostergeschehen realisierte Gewissheit der Hoffnung, dass sich auch an jedem Glaubenden das weihnachtliche „Tauschgeschehen" vollziehen wird – nämlich dass das eigene Leben dadurch vollendet wird, dass die sterbliche Natur des Menschen Anteil an Gottes Ewigkeit erhält. Die zugesprochene Würde, ein Kind Gottes sein zu dürfen (Joh 1,12), ist wahrlich Ausdruck des einen Erlösungsmysteriums Jesu Christi, das zugleich *befreit* wie *verpflichtet*. ◄

DIE AUTORINNEN UND AUTOREN DIESER AUSGABE

1. **PROF. DR. MARTIN WALLRAFF**
   Professor für Kirchen- und Theologiegeschichte an der Universität Basel

2. **DR. CLAUDIO ETTL**
   Neutestamentler und Mitarbeiter der Katholischen Bibelföderation

3. **DR. STEPHAN WAHLE**
   Akademischer Rat für Liturgiewissenschaft an der Universität Freiburg

4. **MARKUS LAU**
   Diplom-Theologe, Wissenschaftlicher Mitarbeiter am Seminar für Exegese des Neuen Testaments an der Universität Münster

5. **PD DR. THOMAS HIEKE**
   Mitarbeiter am Seminar für Altes Testament der Universität Regensburg

6. **PROF. DR. TOBIAS NICKLAS**
   Professor für Neues Testament an der Universität Nijmegen

7. **PROF. DR. CHRISTOPH DOHMEN**
   Professor für Altes Testament an der Universität Regensburg

8. **INES BAUMGARTH M.A.**
   Kunstgeschichtlerin und Studienreiseleiterin in Spanien

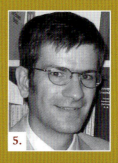

IMPRESSUM HEFT 4/2007

Titelbild: © mauritius images

„Welt und Umwelt der Bibel" ist die deutsche Ausgabe der französischen Zeitschrift „Le Monde de la Bible", Bayard Presse, Paris

VERLAG:
Katholisches Bibelwerk e.V., edition „Welt und Umwelt der Bibel"
Postfach 15 03 65, 70076 Stuttgart,
Tel. 07 11/6 19 20-50, Fax: 6 19 20-77

E-MAIL:
bibelinfo@bibelwerk.de, www.weltundumweltderbibel.de
www.bibelwerk.de

REDAKTION:
Dipl.-Theol. Wolfgang Baur,
Dipl.-Theol. Helga Kaiser

ARCHÄOLOGISCHE BERATUNG:
Prof. Dr. Robert Wenning, Münster

KORREKTORAT:
Michaela Franke M. A., m._franke@web.de

ANZEIGENVERWALTUNG:
Helene Franke
Erscheinungsort: Stuttgart

© S. 1-80 edition „Welt und Umwelt der Bibel" sonst
© Bayard Presse Int., „Le Monde de la Bible", 2006, all rights reserved

ÜBERSETZUNG:
Bernardin Schellenberger, Bad Tölz

GESTALTUNG:
Visuelles, Tom Eggert, Stuttgart

DRUCK:
VVA Wesel Kommunikation, Baden-Baden

PREISE:
„Welt und Umwelt der Bibel" erscheint vierteljährlich.
Einzelheft: € 9,80 zzgl. Versandkosten (für Abonnenten € 7,50)
Jahresabonnement: € 34,-; erm. Abonnement für Schüler/Studierende
€ 26,- (jeweils inkl. Versandkosten)

AUSLIEFERUNG:

Schweiz:
Bibelpastorale Arbeitsstelle des SKB, Bederstr. 76, CH-8002 Zürich,
Tel.: 044/2059960, Fax: 044/2014307;
Preise: Einzelheft sFr 19,- zzgl. Versandkosten (für Abonnenten sFr. 16,-), Jahresabonnement sFr 70.- inkl. Versandkosten

Österreich:
Österreichisches Katholisches Bibelwerk, Stiftsplatz 8,
A-3400 Klosterneuburg,
Tel.: 02243/32938, Fax: 02243/3293839
Preise: Einzelheft € 11,30
(für Abonnenten € 9,-)
Jahresabonnement € 36,-
(je zzgl. Versandkosten)
Eine Kündigung des Abonnements ist mit einer vierwöchigen Kündigungsfrist zum Jahresende möglich.

AUS DER WELT DER BIBEL

Archäologie aktuell **57**

Biblischer Alltag **64**

Büchertipps **68**

Ausstellungen **70**

Vorschau/Impressum **72**

ISRAEL – GESER

Neue Ausgrabungen in Geser – eine Stadt König Salomos?

In diesem Sommer fand die zweite Kampagne der neuen amerikanisch-israelischen Ausgrabungen unter der Leitung von Steven M. Ortiz und Sam Wolff in Geser statt, nachdem die Grabungsstätte 2006 als Nationalpark geöffnet worden ist.

Geser gehört zu den bedeutenden Städten in Palästina, sodass dieses neue Projekt viele Erwartungen weckt. Der am meisten beachtete Befund ist das Sechskammertor der israelitischen Königszeit (Eisenzeit II). Oft wird von diesem Tor eine direkte Verbindung zu 1 Kön 9,15 hergestellt, wonach Salomo die Mauern und Tore von Hazor, Megiddo und Geser bauen ließ. An allen drei Orten fand man gleichartige Sechskammertore. Leser von *Welt und Umwelt der Bibel* erinnern sich an die Diskussion dieser Bibelstelle in Berichten über Megiddo und Hazor. Um Textstelle und archäologischen Befund zusammenzubringen, muss man allerdings einen genaueren Blick in die Bibel werfen: Zumindest Hazor und Megiddo sind vermutlich nachträglich in diesen Satz eingefügt worden, als spätere Könige Judas eine Herrschaft der ersten Könige Judas über das Nordreich Israel zu rekonstruieren suchten – um selbst Anspruch darauf zu erheben. Die Nennung von Geser knüpft an die nachfolgenden Verse 16-18 an und erlaubt die Annahme, dass Salomo Geser nach einer Eroberung durch die Ägypter restauriert haben könnte. Dass damit das Sechskammertor gemeint sein muss, geben die Texte allerdings nicht her.

Nach der von Israel Finkelstein forcierten „low chronology" ist auch in archäologischer Hinsicht zu überlegen, ob das Sechskammertor in Geser nicht erst der omridischen Periode, also dem frühen 9. Jh., zuzurechnen ist. „Salomonisch" oder „omridisch" ist in der gegenwärtigen Forschung noch umstritten. Insofern eröffnet die neue Ausgrabung Chancen, auf rein archäologischer Basis eine Datierung der Anlage zu erreichen, geht man nicht gleich wieder von der Prämisse aus, dass die Stadt und das Tor salomonischer Zeit angehören.

Das neue Projekt setzt sich zum Ziel, die Befestigungsanlagen zu untersuchen und die Abfolge der Siedlungsschichten in der Stadt zu klären, um die Entwicklung der Stadt besser zu verstehen. Zugleich wird die Stätte in Zusammenarbeit mit der Israel National Parks Authority für Besucher erschlossen. Konservatoren haben ein fast 40 m langes Stück der Verteidigungsanlagen im Süden der Stadt für die Besucher präpariert.

Die Kampagne 2007 galt der Untersuchung der Verteidigungsanlagen. Die Archäologen konnten einen Wiederaufbau der Stadtmauer feststellen, der wahrscheinlich nach der assyrischen Eroberung durch Tiglat-Pileser III. stattfand. Die Schuttschicht der eingestürzten und teilweise verbrannten Stadtmauer aus Lehmziegeln war an einigen Stellen mehr als einen Meter hoch. Überrascht entdeckten die Helferinnen und Helfer einen durch Steine verstärkten Hang – eine Rampe oder Stützmauer für die Stadtmauer; davon wurden bislang über 10 m freigelegt. An einer anderen Stelle gruben sie ein Pfeilerhaus, ein öffentliches Gebäude, aus. Aus der Perserzeit (spätes 6. bis spätes 4. Jh. v. Chr.) traten auffällig viele Keramikscherben und ein Rollsiegel zutage. Außerdem wurde eine Silberdrachme Ptolemaios' IV. gefunden. Sie ist erst die dritte in Israel gefundene Münze dieses Typs. Die neue Ausgrabung dient als Ausbildungsstätte künftiger Biblischer Archäologen und wird von Programmen begleitet (www.gezerproject.org) ◂

wub/IAA

Ein Aufbewahrungskrug aus dem 8. Jh. v. Chr. aus der assyrischen Zerstörungsschicht.

Luftaufnahme der neuen Ausgrabungen auf dem Tel Geser: Man sieht die eisenzeitliche Befestigungsanlage mit dem Sechskammertor (links) und der Kasemattenmauer, die sich daran anschließt.

ISRAEL – HIPPOS
Fußabdruck eines römischen Soldaten entdeckt

Archäologen haben den Abdruck der Sandale eines römischen Soldaten in einer Maueranlage entdeckt, die die hellenistisch-römische Stadt Hippos umgibt. Er wurde in der diesjährigen achten Ausgrabungskampagne unter Prof. Arthur Segal, Zinman Insitute of Archaeology, Universität Haifa, gefunden (WUB berichtete über die vergangenen Ausgrabungen). „Dieser seltene Abdruck, der vollständig und außergewöhnlich gut erhalten ist, gibt einen Hinweis darauf, wer die Mauern errichtet hat, auf welche Weise und wann", so Michael Eisenberg vom Zinman Institute. Der Abdruck stammt von einer genagelten Sandale namens *caliga*, die von römischen Soldaten getragen wurde. Bislang sind solche Sandalenabdrücke nur am Hadrianswall in Großbritannien gefunden worden. Der Abdruck in der Bindesubstanz der Befestigungsanlage von Hippos lässt die Archäologen schließen, dass Legionäre des Imperiums beim Mauerbau – in Israel eigentlich Angelegenheit der Städte – mitgeholfen haben. „Vielleicht war der Träger der Sandale auch nicht mehr im aktiven Militärdienst und hat nur seine alte Ausstattung weiterhin benutzt", so Arthur Segal. Die Ausgrabungen im Bereich der südlichen Stadtmauer legten Türme und gut erhaltene Strukturen von Podesten frei, auf denen Waffen wie Katapulte und Wurfgeschütze installiert waren.

Die Saison 2007 hat aber noch weitere Funde erbracht: ein marmorgetäfeltes Badehaus und das Fragment einer Marmorstatue – weitere Teile werden hoffentlich in der nächsten Grabungskampagne entdeckt. Außerdem konnten 240 m der Kolonnadenstraße gesichert werden. Hippos liegt 350 m oberhalb des Ostufers des Sees Gennesaret, ist eine der antiken Dekapolisstädte – und wird von Saison zu Saison zu einer attraktiveren archäologischen Besuchsstätte. ◀ *wub*

Der Abdruck einer genagelten Sandale namens caliga, die Soldaten im Römischen Reich trugen.

ISRAEL – TIBERIAS
Byzantinische Kirche in Tiberias entdeckt

Ein Mitarbeiter der Israel Antiquities Authority reinigt den Mosaikfußboden einer jüngst entdeckten byzantinischen Kirche aus dem 4./5. Jh. in Tiberias.

Überraschend stießen Archäologen der Israel Antiquities Authority in Tiberias auf Mauern und Mosaikfußböden einer byzantinischen Kirche aus dem 4./5. Jh. Die polychromen Mosaiken sind mit geometrischen Mustern und Kreuzen geschmückt. Drei Weiheinschriften sind eingearbeitet, die Leah di Segni (Hebrew University Jerusalem) übersetzt hat. Eine Zeile lautet „Unser Herr, beschütze die Seele deines Dieners ..." Eines der Mosaikfelder ist mit einem Medaillon verziert, in dem ein großes Kreuz von den griechischen Buchstaben Alpha und Omega flankiert wird – ein Symbol für Jesus. „Die Entdeckung der Kirche im Herzen des jüdischen Viertels widerlegt die Theorie, dass die Juden die Christen daran gehindert hätten, Gebetshäuser im Zentrum der Stadt zu errichten", betonen Moshe Hartal und Edna Amos, die die Ausgrabungen im Juni und Juli 2007 leiteten. Die archäologischen Untersuchungen wurden an dieser Stelle nur deshalb durchgeführt, weil hier Abwasserleitungen verlegt werden sollen.

In der Umgebung der Kirchenmauern befinden sich antike öffentliche Gebäude, eine Basilika, ein Badehaus sowie Straßen und Geschäfte, die aus älteren Ausgrabungen bekannt waren. Gleichzeitig stießen die Archäologen auf Spuren eines jüdischen Wohnviertels aus dem 11. Jh., einer frühbronzezeitlichen Siedlung (3000 v. Chr.) und auf dem Parkplatz des Holiday Inn Hotels, im südlichen Bereich der Ausgrabungen, wurden Gebäude voller Keramikgefäße aus der frühislamischen Zeit (8.-11. Jh.) freigelegt. Hier befanden sich auch Anlagen für die Glas- und Keramikherstellung. ◀ *wub/IAA*

Bauarbeiten auf dem Tempelberg

+ + + Jerusalem – Auf dem Haram es-Sharif (Tempelplatz) hat die muslimische Aufsichtsbehörde (Waqf) veranlasst, einen Graben auszuheben – etwa einen Meter breit und einen Meter tief –, um Rohre und elektrische Installationen zu verlegen. Das verursachte einen Aufschrei unter israelischen Archäologen, die befürchten, dass dabei Mauerreste und Strukturen zerstört werden könnten, die bis in die Zeit des herodianischen Tempels zurückreichen (zerstört 70 n. Chr.), da sie den Graben im Bereich des Vorhofs der Frauen vermuten, Teil der Tempelanlage des Herodes. Auf Bildern und Videoaufzeichnungen erkennbare archäologische Spuren können natürlich auch den muslimischen Epochen entstammen. Der Kanal, der im Nordosten des Felsendoms verläuft, wurde mit einem Bagger ausgehoben, also mit schwerem Gerät, das, so die Archäologen, besonders Kleinfunde unwiederbringlich zerstört. Die Arbeiten werden aufgrund der politischen Situation nicht wissenschaftlich überwacht. Der Graben wird über den neuen Röhren wieder zugeschüttet werden. Die aufgebrachte Diskussion kann im Internet verfolgt werden (etwa www.bib-arch.org/templemount). + + + *wub*

Wird der Ölbergfriedhof Nationalpark?

+ + + Jerusalem – In der Knesset wird ein Gesetzesentwurf bearbeitet, den großen jüdischen Friedhof am Ölberg zu einem Nationalpark zu erklären. Vandalismus und Graffitisprayer setzen den teilweise antiken Grabmonumenten zu. + + + *Arutz Sheva*

Ausgrabungen in Magdala geplant?

+ + + Magdala – In der historischen Ortslage von Magdala am See Gennesaret sind neue Ausgrabungen geplant. Die Franziskanerpatres und Archäologen M. Piccirillo und St. De Luca wollen das derzeit für die Öffentlichkeit gesperrte Areal in franziskanischem Besitz neu untersuchen. Mehr zur Archäologie des Ortes in WUB 2/08 (April 2008) zum Thema „Maria von Magdala"! + + + *wub/BAR*

Keilschrift-Dokument nennt biblische Figur

+ + + London – Eine Keilschrift auf einem kleinen Täfelchen aus dem Jahr 595 v. Chr. belegt den Namen eines in der Bibel genannten Babyloniers: *Nabuscharrussu-ukin*. Ein Oberst und Heerführer Nebukadnezzars II. wird in Jeremia 39,3 in der Schreibweise *(Samgar-)Nebusarsekim* genannt (manche deutsche Bibelübersetzungen erwähnen den Namen nicht). Michael Jursa, Professor für Altorientalistik in Wien, übersetzte die Keilschrift, die Nabuscharrussu-ukin als „obersten Eunuchen des Königs" bezeichnet. Hofbeamte zu kastrieren war nicht unüblich, da die Loyalität der Männer ohne Nachkommen höher eingeschätzt wurde. Jursa arbeitet derzeit an einer Wirtschaftsgeschichte Mesopotamiens und übersetzt Keilschriften aus dem riesigen Archiv des Britischen Museums. Der Name war also ein Zufallsfund. Das Keilschrifttäfelchen enthält eine Quittung über ein Dreiviertelkilo Gold, das Nabuscharussu-ukin an einen Tempel in Babylon gezahlt hat. + + + *wub*

Zahn- und DNA-Test sollen Hatschepsut identifiziert haben

+ + + Kairo – Anhand eines Zahns und einer DNA-Analyse glauben ägyptische Forscher, die Mumie der ägyptischen Königin Hatschepsut identifiziert zu haben. Zahi Hawass, Chef der äyptischen Altertümerverwaltung und Faruk Hosni, Ägyptens Kulturminister, bekräftigten auf einer Pressekonferenz im Juli 2007, sie seien „hundert Prozent sicher." Der untersuchte mumifizierte Frauenleichnam aus dem Tal der Könige war nach seiner Auffindung 1903 lange Zeit als nicht königliche Mumie bewertet worden. Ein Zahn und DNA-Spuren in Kanopen (Eingeweidebehälter) aus dem Hatschepsut-Tempel wurden nun mit der vergessenen Frauenleiche verglichen. Den Untersuchungen zufolge war die Königin übergewichtig, starb im Alter von etwa 50 Jahren und litt vermutlich an Diabetes und Leberkrebs. Viele Wissenschafter zweifeln allerdings an der Möglichkeit, DNA-Proben, die älter als 50 Jahre sind, eindeutig zuordnen zu können und mahnen zu größter Zurückhaltung. Hatschepsut regierte von 1502-1482 v. Chr. + + + *dpa/ap*

Jerusalems Bürgermeister fragt nach Schiloach-Inschrift

+ + + Jerusalem – Jerusalems Bürgermeister Uri Lupolianski hat die türkische Regierung anlässlich eines Treffens mit dem türkischen Botschafter im Juli 2007 gebeten, die Schiloach-Inschrift nach Israel zurückzubringen. Die Inschrift stammt aus dem Hiskijatunnel, der um das Jahr 700 v. Chr. in den Südosthügel Jerusalems getrieben wurde, um das Wasser der Schiloachquelle in die Stadt zu leiten. Die Tunnelarbeiter begannen von zwei Seiten, sich durch den Fels zu graben und die Inschrift markiert den Punkt, an dem sie zusammentrafen. Unter osmanischer Herrschaft wurde sie 1880 entdeckt und später nach Istanbul gebracht, wo sie heute im Archäologischen Museum zu besichtigen ist. Der Transfer sei unwahrscheinlich, so ein Sprecher der türkischen Botschaft, die Anfrage werde aber bedacht. Eine temporäre Leihgabe oder die Erstellung einer Replik könnten überlegt werden. + + + *Haaretz*

QUMRAN – JAHRESTAG: 60 JAHRE QUMRAN
Bekannte Schriften und neue Rätsel

Viele Meter Literatur sind heute über Qumran veröffentlicht, doch sind noch immer wesentliche Fragen unbeantwortet, besonders die, wer einst in den Ruinen lebte und wie die Höhlen mit den Ruinen zusammenhängen. Qumrankenner Prof. Heinz-Josef Fabry berichtet vom jüngsten Kongress in Ljubljana, resümiert den Stand der Forschung und blickt auf die Aufgaben, denen sich die Wissenschaftler noch stellen müssen.

Als 1988 der 40. Jahrestag der Entdeckung Qumrans in einem Symposium der Universität Haifa gefeiert wurde, ließen sich die Beiträge zu den Themenbereichen Texte und Sprache von Qumran, Geschichte der Qumrangemeinde, Halacha in Qumran, Bedeutung für den Text der Hebräischen Bibel und für das Neue Testament noch in einem handlichen Band vereinen. Die Referate des Symposiums zum 50. Geburtstag vom 20.-25. Juli 1997 in Jerusalem füllen dagegen schon zwei mächtige Bände, die den gewaltigen Forschungsfortschritt dokumentierten. Die Frage nach der Bedeutung Qumrans für die Erforschung des Alten und Neuen Testaments wurde erweitert um Fragen nach der Bedeutung für das frühe Christentum und für das Judentum, nach Rekonstruktions- und Datierungsmethoden der Texte und um die archäologische Erforschung der Anlage am Toten Meer. Die meisten Beiträge aber waren textbezogen und zeigten an, dass die kritische Analyse der Qumrantexte in den Vordergrund gerückt war. Inhalte und Themen (Frömmigkeit, Tora, Weisheit, Liturgie, Schöpfung, Apokalyptik u. a.) standen im Mittelpunkt des Interesses, obwohl noch längst nicht alle Texte der Rollen publiziert waren.

Zum 60. Jahrestag 2007 ist es relativ ruhig um Qumran. Einige voluminöse Festschriften für verdiente Qumranologen (E. Tov, E. Ulrich, J. M. Baumgarten, E. Puëch, F. García-Martínez) und mehrere Forschungsüberblicke (J. Magness, Y. Hirschfeld, K. Galor/J. Zangenberg) geben Einblick in die gegenwärtig wichtigsten Problemfelder der Qumranwissenschaft. Hatten in den vergangenen Jahren einige exzentrische Hypothesen die Runde gemacht, so ist nüchterne Betriebsamkeit in den Alltag der Qumranologen eingekehrt, die auch den XIX. Congress of the International Organization for Qumran Studies in Ljubljana (16.-18. Juli 2007) bestimmte. Thematisch konzentrierten sich die Beiträge
- auf die Frage nach den Eigenarten und Funktionen der einzelnen Höhlen mit ihren unterschiedlichen und unterschiedlich alten Handschriften,
- auf die Handschriften aus der Höhle 1, besonders auf die Gemeinderegel und ihre komplizierte Entstehungsgeschichte,
- auf die immer noch nicht abgeschlossene Rekonstruktion der Hodajot-Rolle und
- auf die große Jesajarolle, deren Verhältnis zum Text der Bibel zahlreiche Fragen aufwirft.

Mehrere Referate beschäftigten sich mit der Frage nach der Vorgeschichte Qumrans und der Identität der hier lebenden Gemeinde. Dabei wurde deutlich, dass die Basisfragen um Qumran und seine Bewohner nach wie vor ungelöst sind und keine der bisher vorgelegten Hypothesen das Phänomen Qumran wirklich erklärt. Sicher ist, dass die agrarischen oder ökonomischen Lösungsversuche, die in Qumran eine Dattelwein- oder Balsamfarm oder eine römische villa rustica sehen wollen, alle in die Irre führen.

Blick auf die Höhle 4, in der viele Schriften aufgefunden wurden.

Ein Überblick über die gegenwärtige Forschungslage lässt mehrere Tendenzen erkennen:
▶ *Nachdem nun alle Qumrantexte offiziell ediert sind und eine umfangreiche Konkordanz vorliegt, setzt die Textarbeit in voller Breite ein.* Nach der Zuordnung der meisten Fragmente scheint sich die Gesamtzahl der individuell erkennbaren Texte auf ungefähr 860 einzupendeln, die den Zeitraum vom 3. Jh. v.-1. Jh. n. Chr. umfassen. Diese Texte sind in hebräischer, aramäischer und (einige wenige) in griechischer Sprache geschrieben. Bei ca. 200 Texten handelt es sich um Bücher oder Texte aus dem AT, bei ca. 100 Texten um bekannte (Henoch, Jubiläen, Testamente der Patriarchen) oder bisher unbekannte (Tempelrolle, Pseudo-Moses-, Pseudo-Ezechiel-, Pseudo-Jubiläen-Texte) Werke aus der zwischentestamentlichen Zeit. Neutesta-

Krüge aus Qumran, in denen Schriftrollen gefunden wurden.

mentliche Texte sind dezidiert nicht vorhanden, es finden sich auch keine Anspielungen auf solche. An die 500 Texte dürften auf die Qumraner selbst zurückgehen: Regelwerke, Nacherzählung biblischer Texte, Kommentare, Gebetssammlungen, Reinheitsbestimmungen u. v. a. Ihre Analyse ist von entscheidender Bedeutung für die Klärung der Frage, wer denn die Qumraner überhaupt waren.

▶ *Der durch die Qumranologen und Ausgräber der ersten Stunde erreichte Konsens, in Qumran handele es sich um eine Niederlassung der konservativen jüdischen Gruppe der Essener, hat sich durch Textanalysen und Archäologie inzwischen als unhaltbar erwiesen.* Identifikationen der Anlage als Gebäude mit agrarischer oder handwerklicher Nutzung werden mit konstanter Regelmäßigkeit vorgebracht, lassen sich aber nur vertreten, wenn man die 860 Rollen in den benachbarten 11 Höhlen „wegdiskutiert". Andererseits weisen die Ausgrabungen für Qumran eine solch bemerkenswerte kulturelle Aufgeschlossenheit auf, dass weder die Essener oder irgendeine jüdische „Sekte", noch eine Art monastischer Gemeinschaft als Bewohner in Frage kommen. Die gegenwärtige Fragestellung verdichtet sich deshalb dahin, aufgrund der großen Anzahl kultischer Schriften in den Qumranern eine Priestergruppe zu sehen, die sich aus irgendwelchen Gründen von Jerusalem getrennt hat, sei es aufgrund von Streitigkeiten um Pfründe bei der Neuverteilung der Priesterprivilegien unter Antiochus III. (um 200 v. Chr.), sei es aufgrund religiöser Verfolgungen unter Antiochus IV. (um 175 v. Chr.), sei es aufgrund der hellenistischen Verunreinigung des Jerusalemer Tempelkultes unter den Hasmonäern und der inneren Liberalisierung der Jerusalemer Priesterschaft beim Übergang von den Zadokiden zu den Sadduzäern. Die Aufmerksamkeit der Qumranologen konzentriert sich gegenwärtig auf diese letzte Möglichkeit.

▶ *Aus der historischen Abfolge der Regelwerke (CD, 1QS u. a.) lässt sich inzwischen die Geschichte der Qumrangemeinde zumindest ansatzweise rekonstruieren.* Wie die Archäologie die Frage nach den Anfängen stellt, so setzt in vielen Bereichen auch die Textforschung wieder vorne an. Die meisten Texte lesen sich doch anders, wenn man das gesamte Korpus qumranischer Schriften vor sich hat. Besondere Aufmerksamkeit gilt den großen Rollen aus Höhle 1, die durch die Edition der Paralleltexte aus Höhle 4 nicht nur neu gelesen, sondern durch vergleichende Textanalysen nun auch in einer historischen Diachronie beobachtet werden können.

▶ *Die Erforschung der Sprache der Qumrantexte wird gegenwärtig gleich in zwei großen Wörterbuch-Projekten in Bonn und Göttingen vorangetrieben.* Bei völlig unterschiedlicher Zielsetzung dienen beide einer gemeinsamen Aufgabe, die Sprachwelt des zwischentestamentlichen Judentums und damit auch die des Jesus von Nazaret, seines Jüngerkreises und der christlichen Urgemeinde vollständig zu erfassen. Es wird sich zeigen, dass dies gerade für die Auslegung der Evangelien, allen voran Matthäus, wertvolles Hintergrundwissen bereitstellt. Wie man bisher die Qumrantexte heranziehen konnte, um neue Einsicht in die komplizierte alttestamentliche Textgeschichte zu gewinnen und die Endfertigung der alttestamentlichen Bücher in den letzten beiden Jahrhunderten v. Chr. besser begreifen zu können, so erkennt man jetzt in Qumran auch einen bedeutenden Interpretationshintergrund für die neutestamentlichen Texte, insofern das Bild des damaligen Judentums mit seinen vielen divergierenden und miteinander wetteifernden Gruppen deutlichere Konturen gewinnt. Jetzt kennen wir die Literatur, die damals neben der wachsenden Hebräischen und Griechischen Bibel gelesen wurde, und können ihre Einflüsse besser abschätzen: die literarischen Formen der Gebets- (Seligpreisungen u. a.) und Rechtssprache, die Spezifika der intellektuellen Auseinandersetzungen (Antithesen), aber auch die Wucht des Aufeinanderpralls traditioneller jüdischer Lehre mit dem hellenistischen Denken und die Kontroversen unterschiedlicher Messiaserwartungen.

▶ *Die m. E. wesentlichste Erkenntnis, die Qumran lehren kann, ist die Notwendigkeit, über Inspiration und Kanon neu nachdenken zu müssen.* Der von Flavius Josephus beschriebene jüdische Glaube an einen von Mose bis Artaxerxes reichenden Inspirationszeitraum wurde sowohl in Qumran wie auch in der christlichen Urgemeinde außer Kraft gesetzt. Qumran lehrt, dass die Entwicklung biblischer Texte im Dialog zwischen dem inspirierenden Geist und dem menschlichen Schreiber lange Zeit brauchte, so lange, dass man sogar mit einem zeitlichen und räumlichen Nebeneinander wachsender und sich verfestigender alt- und neutestamentlicher Schriften rechnen muss. Der Kanon heiliger Schriften fiel nicht vom Himmel, sondern entwickelte sich über Jahrhunderte.

Der lebendige Dialog zwischen Offenbarung und Erfahrung gestaltete ein jahrhundertelanges komplexes Wechselspiel zwischen Schrift und Gemeinde, das aufgibt, auch über das Verhältnis von Kirche und Heiliger Schrift neu nachzudenken. ◀ *Heinz-Josef Fabry*

Nachgrabungen im Jahr 2004 unter Yizhag Magen und Yuval Peleg, deren Ergebnisse die Essener-These archäologisch widerlegten.

STÄNDIGE SAMMLUNG UND NUN AUCH SONDERAUSSTELLUNGEN
Ein virtuelles Museum islamischer Kunst

Ein einzigartiges Internetprojekt – *www.discoverislamicart.org* – macht alle islamischen Kunstschätze und Baudenkmäler in Europa, Nordafrika und im Nahen Osten zugänglich.

Die Homepages der virtuellen Sonderausstellungen.

Das umaijadische Wüstenschloss Mschatta steht im Hinterland Jordaniens, die Fassade befindet sich im Museum für Islamische Kunst in Berlin, ein weiblicher Torso aus den Ruinen steht in Amman und ein weiteres Fragment einer weiblichen Statue wieder in Berlin – wollen Sie dennoch alles zusammen sehen? Diese Möglichkeit bietet nun das herausragende Internetprojekt *www.discoverislamicart.org*. Es handelt sich um ein virtuelles „Museum ohne Grenzen", das zusammenführt, was weit verstreut ist: 40 Museen aus 14 Ländern Europas, Nordafrikas und des Nahen Ostens nehmen teil; eine ständige Sammlung ist entstanden, in der 850 Kunstwerke und 385 Bauwerke beschrieben und je mit verwandten Kunstwerken und Bauwerken vorgestellt werden. Das kulturelle islamische Erbe der Mittelmeerregion kann so als Ganzes erlebt werden, ohne dass aufwändig verpackte Kunstwerke auf Reisen gehen müssten. Begeisterung vermag die Funktionalität der Seite hervorzurufen, an der 300 Wissenschaftler, Gestalter und Programmierer mitgearbeitet haben und für die die EU rund 3 Millionen Euro bereitgestellt hat. Die Seiten laden schnell, die Querverweise sind logisch aufgebaut, die Kurzbeschreibungen zu jedem Objekt erläutern Schülern, Studenten, Kuratoren, Wissenschaftlern oder allgemein Interessierten den Zusammenhang. Jedes einzelne der rund 8000 Bilder lässt sich vergrößern. Dadurch erschließen sich Details, die besonders im Fall der Kunstwerke anders nicht erkennbar wären.

Besucher, die ihre Kenntnisse der islamischen Kunst und Architektur vertiefen wollen, haben darüber hinaus Zugang zu einer Datenbank. Sie wurde von den Kuratoren und Konservatoren der Museen in den jeweiligen Ländern erstellt und ist in denselben Sprachen zugänglich wie die ständige Sammlung. Jeder Eintrag enthält eine Auswahlbibliografie, die vor allem Studierenden die weiterführende Recherche erleichtert. Neben zahlreichen Illustrationen gibt es zu den meisten Architekturdenkmälern auch Orientierungspläne.

Die ständige Sammlung ist seit 2005 im Internet abrufbar (in Englisch, Spanisch, Französisch und Arabisch). Seit April 2007 stehen 18 thematische Sonderausstellungen bereit, etwa zu den großen muslimischen Dynastien, zur Pilgerfahrt, zu Frauen in der islamischen Kunst, zur Bedeutung von Wasser, Gärten und Pflanzen (s. Homepages oben). Die virtuellen Ausstellungen richten sich an ein Publikum ohne Vorkenntnisse und bieten erläuternde Texte in acht Sprachen: Arabisch, Englisch, Französisch, Italienisch, Portugiesisch, Spanisch, Türkisch und Deutsch.

Man kann sich verlieren in den spannenden Ausstellungen, verständlichen Informationen und fast durchgehend bestechend guten Fotografien. Jede historisch bedeutsame islamische Moschee, Residenz oder Karawanserei im Mittelmeerraum sowie die Exponate aller wichtigen Museen können auf dem Bildschirm besichtigt werden – ein Fest für die Augen und den wissbegierigen Geist. ◂ *wub*

Moschee Cristo de la Luz in Toledo, umaijadisch, 999-1000.

NEUIGKEIT IM INTERNET: www.wibilex.de

WiBiLex – Das wissenschaftliche Bibellexikon

Im Internet gibt es zu Themen der Religion und der Bibel unendlich viele Seiten – wo sind seriöse und wissenschaftlich geprüfte Informationen zu finden? Wie kann man sicher sein, nicht irgendwelchen Fundamentalisten oder religiösen Phantasten auf den Leim zu gehen?

Das Wissenschaftliche Bibellexikon (WiBiLex) im Internet ist keine offene Enzyklopädie, in die jeder Beliebige seine Meinung eintragen kann, sondern ein nach wissenschaftlichen Standards und Kriterien aufgebautes Lexikon, das von Fachleuten erarbeitet wird: von ausgewiesenen Wissenschaftlerinnen und Wissenschaftlern aus den Fachgebieten Altes Testament, Neues Testament, Judentum, Archäologie, Ikonographie, Ägyptologie, Altorientalistik, Geschichtswissenschaften u. a.

Auf der Seite „www.wibilex.de" unter dem Dach der Deutschen Bibelgesellschaft wird damit ein kostenloses (!) Nachschlagewerk zur Verfügung gestellt, das biblisches Grundwissen und fundierte Informationen zur gesamten Bibel enthält. Die Internet-Nutzer müssen sich einmalig registrieren, um Zugang zu allen Artikeln und zur Suchfunktion zu haben.

Bilder von Landkarten, archäologischen Funden und Kunstwerken veranschaulichen die Welt der Bibel und ihre Rezeption in der Kunst. Eine Suchmaschine und die Verlinkung der Artikel lassen gewünschte Informationen schnell finden. Übersichtliche Tabellen vermitteln bibelkundlichen Überblick. Bibelstellen erscheinen auf Anklicken in einem eigenen Fenster. Externe Links führen zu Quellen wie Talmud, Koran und klassischen Texten der griechischen, ägyptischen und altorientalischen Literatur.

Derzeit sind bereits etwa 300 Artikel von über 120 Autorinnen und Autoren hauptsächlich zum Alten Testament abrufbar. Bei seiner Fertigstellung wird das Online-Lexikon mehr als 2000 Artikel zur gesamten Bibel umfassen. WiBiLex bietet Studierenden und Lehrenden, allen, die in Verkündigung, Religionsunterricht und Seelsorge tätig sind, sowie interessierten Laien verlässliche und aktuelle Information mit hohem Qualitätsanspruch. Durch die Möglichkeit laufender Aktualisierung und Erweiterung bleibt das Lexikon auf dem neuesten wissenschaftlichen Stand. ◀ *Th. Hieke*

DIE NEUE QUADRO-BIBEL 4.0

Fünf Bibelübersetzungen und viele Arbeitsmöglichkeiten

Im Oktober 2007 erscheint die neue Version der bewährten Quadro-Bibel. Sie wurde optisch ganz neu gestaltet und ist noch einfacher zu bedienen als die Vorgängerversion. Die Installation dauert gerade einmal 3 Minuten – danach befinden sich fünf Bibelübersetzungen, zwei Lexika und ein nach Sachgruppen sortierter Wortschatz der Bibel zum Zugriff auf der Festplatte. Neu hinzugekommene Bibelausgaben sind die erst 2007 erschienene Neubearbeitung der Zürcher Bibel sowie die durchgesehene und auf neue Rechtschreibung umgestellte Ausgabe der Elberfelder Bibel. Als einzige Bibelsoftware weltweit bietet die Quadro 4.0-Software die Möglichkeit zu einer thematischen Stichwortsuche (s. Abbildung unten). Diese ist außerdem kombiniert mit der auch in der reinen Wortsuche verfügbaren „Lemma"- Funktion (Auffinden gebeugter Formen, z. B. werden nach der Eingabe von „laufen" auch Stellen gefunden an denen „lief", „läuft" oder „gelaufen" vorkommt). Sehr hilfreich – besonders für die Arbeit mit den synoptischen Evangelien – ist die Möglichkeit zur automatischen Darstellung in einer Synopse: Das Programm sucht zu einer Stelle mit synoptischen Parallelen automatisch die zugehörigen Texte der anderen Evangelisten und stellt sie übersichtlich in parallele Fenster. Für die Bearbeitung von Texten steht nun eine eigene Symbolleiste zur farbigen Hervorhebung zur Verfügung. Alles in allem bietet das bisher schon ausgezeichnete Bibelprogramm den Anwendern nun noch mehr Möglichkeiten, um rasch und kreativ Bibeltexte zu finden und für ihre Bedürfnisse zu nutzen. ◀ *wb/wub*

Quadro- Bibel 4.0, Deutsche Bibelgesellschaft, Stuttgart 2007, ISBN 978-3-438-01810-6
Verlag Katholisches Bibelwerk GmbH, Stuttgart, ISBN 978-3-460-01036-9
Vollversion EUR 99,-; Updates von Quadro 3.0 gibt es für EUR 34,-
Sie können die Quadro 4.0-Bibel bestellen bei der Versandbuchhandlung Katholisches Bibelwerk, Silberburgstraße 121, 70176 Stuttgart
E-Mail: Versandbuchhandlung@bibelwerk.de

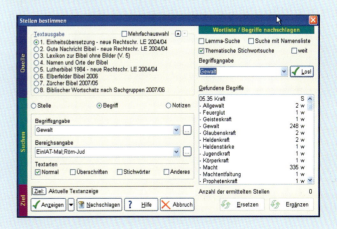

BIBLISCHER ALLTAG

Musikinstrumente der Levante und ihr Gebrauch

Teil I (Ausgabe 2/2006): Rasseln und Glöckchen
Teil II (Ausgabe 3/2006): Handpauken und Zimbeln
Teil III (Ausgabe 1/2007): Harfen, Leiern und Lauten

Teil IV: Horn, Trompete und Pfeifen

Figurine einer Doppelflötenspielerin von Schech Zuweid, um 900 v. Chr.
Chr. Herrmann, Ägyptische Amulette aus Palästina/Israel, Freiburg/Göttingen 1994, Nr. 275

Bei keiner anderen Instrumentengruppe verschmelzen Mensch und Instrument mehr zu einer Einheit als bei den Blasinstrumenten. Ihre Laute sind wie die verstärkte Stimme des Menschen und konnten als eindringliches Signal, als Rufen zu Gott, ja sogar als Gottes Stimme verstanden werden. Im Christentum wurden Blasinstrumente gerne mit dem Heiligen Geist in Verbindung gebracht. *Von Thomas Staubli*

Die Blasinstrumente stellen eine Verlängerung von Lunge und Luftröhre dar, wobei der Luftstrom mit Zwerchfell, Zunge, Gaumen und Lippen gezielt gestaltet wird. Bei Flöten und Oboen verändert dazu noch das Fingerspiel über den Löchern des Instrumentes die Tonhöhe.

Horn (schofar)

In archaischster und einfachster Weise geschieht der musikalische Ruf zu Gott durch die Verwendung eines Tierhorns, dem in der Bibel am häufigsten genannten Instrument. Durch Abschneiden der Hornspitze entsteht ein Mundstück. Es kann zusätzlich versilbert und durch ein separates, vergoldetes Mundstück veredelt werden. Letzteres ist heute noch in der sefardischen Tradition des Judentums Brauch. Die Mischna verbot den Gebrauch des Rindshornes (hebr. *qärän*; bRH 26a). Üblich waren Widder- und Steinbockhörner. Letztere, von der Levante bis Jemen einst weit verbreitet, werden heute durch das Horn der Kudu-Antilope ersetzt (1). Der dumpfe und gleichzeitig durchdringende Klang hat etwas Urig-Unheimliches. Gott soll sich bei seinem Klang der Menschen erinnern, ganz besonders am Neujahrstag. Doch das unheimliche Dröhnen der Hörner ist zugleich eine magische Vergegenwärtigung Gottes, dessen Stimme als Hörnerschall empfunden werden konnte (Ex 19,16.19; 20,18). Bei der Eroberung Jerichos kommen, nach biblischer Darstellung, gar keine Waffen zum Einsatz, sondern die Mauern fallen durch die Macht der Gottes Präsenz markierenden Hornklänge (Jos 6). Im Krieg Gideons gegen die Midianiter werden, um die Gottesvergegenwärtigung noch zu verstärken, zusätzlich Krüge zerbrochen (vgl. Jer 19,10-13) und Fackeln angezündet (Ri 7,22).

Die älteste erhaltene Darstellung eines Schofars zeigt das Instrument wohl in der Hand eines Kriegers (2). Es dient zunächst vor allem als Signal, nämlich bei der Einberufung zum Krieg (Ri 3,27; 6,34; 1 Sam 13,13; Neh 4,12; 1 Kor 14,8) und als Orien-

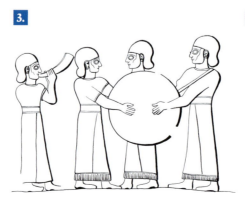

tierungshilfe im Schlachtgetümmel (Ijob 39,24f; Jes 18,3; Jer 42,14; 1 Makk 4,13f; 6,33). Das Kriegshorn gehört zu den wichtigsten Requisiten der Vorstellungen eines endzeitlichen Kampfes zwischen guten und bösen Mächten: „Tag des Hornes und des Kriegsgeschreis" (Zef 1,16 vgl. Joel 2,1)! In dieser Funktion wurde es aber später durch die Trompeten verdrängt.

Als eigentliches Musikinstrument, das zusammen mit anderen Instrumenten verwendet wurde, kam das Horn nicht in Frage. Am Hofe von Karkemisch wurde es gerade mal zusammen mit einer großen Pauke verwendet (3). Die Bedeutung dieses Urhornes ist bis heute vor allem mystisch-theologischer Natur. Nach der Zerstörung des jüdischen Tempels in Jerusalem wird der Schofar zusammen mit dem siebenarmigen Leuchter (menorah), der Weihrauchschaufel (machtah), dem Feststrauß (lulav) und der Zitrusfrucht (etrog) des Laubhüttenfestes zu den Symbolen des Judentums, die sich auf vielen Synagogenbodenmosaiken der Südlevante aus römisch-byzantinischer Zeit finden (4). Sein Erklingen soll insbesondere an den Widder erinnern, von dem er genommen ist, und der anlässlich der Bindung Isaaks als auslösende Heilsgabe Gottes wunderbarerweise auftauchte.

1. Der schwedische Klezmer-Musiker Salomon Helperin als Schofarbläser im jüdischen Gebetsmantel. Das Horn stammt von einer Kudu-Antilope. Foto K. Lindell © Courtesy S. Helperin

2. Krieger mit Schofar auf einem Fresko aus Mari am Euphrat, 18. Jh. v. Chr. Zeichnung H. Keel-Leu © Stiftung Bibel + Orient

3. Hornbläser und Paukenspieler auf einem Basaltrelief aus Karkemisch, um 800 v. Chr. Zeichnung H. Keel-Leu © Stiftung Bibel + Orient

4. Medaillon aus dem Fußbodenmosaik der Synagoge von Jericho mit Menora (Leuchter) zwischen Lulav (Festzweig des Laubhüttenfestes) und Schofar, 6./7. Jh. v. Chr. © Todd Bolen/BibelPlaces.com

5. Trompeten auf den Revolutionsmünzen aus der Zeit des Bar-Kochba-Aufstandes, 134 n. Chr. Foto: Micha Köhler © Stiftung Bibel + Orient

Trompete *(chazozerah)*

In Ägypten wurden zur Ramessidenzeit (13.-11. Jh. v. Chr.) Trompeten von Priestern verwendet, um den Beginn eines Heiligen Krieges anzukündigen. Denselben Ursprung können wir auch für die Trompeten Israels annehmen. Noch der Midrasch zur entsprechenden Stelle in Numeri erinnert daran, wenn er Gottes Auftrag an Mose wiedergibt: „Sowie vor einem ausziehenden König Trompeten erschallen, so mache auch dir zwei silberne Trompeten; wenn du die Israeliten in das Land bringst, sollen sie darauf blasen..." (Midrasch Bamidbar X,2). Von den ramessi-

„Moses erdachte auch eine Signaltrompete, die er von Silber und in folgender Gestalt anfertigen ließ: Sie war fast eine Elle (ca. 40-50 cm) lang und ihre Röhre war eng, etwas dicker als eine Flöte. Das Mundstück war so groß, dass es den Atem des Bläsers bequem aufnehmen konnte, und sie endigte wie eine Posaune in Glockenform."
Flavius Josephus, Jüdische Altertümer 3,291

dischen Zeugnissen (6-7) bis zu den jüdischen Revolutionsmünzen Bar Kochbas (5) werden die Trompeten ohne irgendeine Krümmung dargestellt. Flavius Josephus gibt in seinem Geschichtswerk „Jüdische Altertümer" eine recht genaue Beschreibung des am herodianischen Tempel zu seiner Zeit verwendeten Instruments, aus der hervorgeht, dass dessen dünne Röhre mit einem den Lippen angepassten Mundstück am einen und einem Schalltrichter am anderen Ende versehen war (s. Zitat S. 65) Auf einem Stein vom herodianischen Tempel, wahrscheinlich aus der Zinnenbalustrade, wurde die Inschrift „zum Haus des Blasens" *(löbet hateqi'ah)* gefunden, was ebenfalls auf die damals große Bedeutung dieser Instrumente hinweist. Die Römer haben das liturgische Gerät unter die im Titusbogen dargestellten Trophäen aus dem jüdischen Tempel aufgenommen. Die biblischen Quellen lassen deutlich erkennen, dass metallene Trompeten in der Südlevante erst im 6./5. Jh. v. Chr. aufkamen und ausschließlich im kultischen Raum Bedeutung erlangten. Sie zu blasen war im Judentum den Priestern (Num 10,8; Neh 12,35.41) und in christlichen und muslimischen Texten, die über die Ereignisse des Jüngsten Tages spekulieren, den Engeln (Mt 24,31; 1Kor 15,52; 1Thess 4,16; Apk 1,10; 4,1) vorbehalten. Der endzeitliche Einsatz des Instrumentes zur Ordnung zwischen guten und bösen Mächten wird in der Kriegsrolle der Qumran-Essener ausführlich entfaltet, indem den einzelnen Instrumenten und ihren Signaltönen Namen und präzise Funktionen zugeteilt werden. In der Offenbarung des Johannes bringen sieben trompetenblasende Engel sieben Plagen

---

6. Stempelsiegelamulett aus gebranntem Speckstein mit trompetenblasenden Priestern vor dem Pharao, um 12. Jh. v. Chr., Sammlungen BIBEL+ORIENT der Universität Freiburg/Schweiz VS 1983.5980. Foto Christopher Dickinson © Stiftung BIBEL+ORIENT

7. Offiziere mit Trompeten blasen zum Aufbruch des Pharaos in den Heiligen Krieg. Detail vom Totentempel Ramses III. in Medinet Habu, um 1160 v. Chr. Zeichnung H. Keel-Leu © Stiftung BIBEL+ORIENT

8. Elfenbeinerne Möbelintarsie mit Doppelpfeifenspielerin vom Tell Fara Süd, 13./12. Jh. v. Chr. Zeichnung H. Keel-Leu © Stiftung BIBEL+ORIENT

9. Amulett mit Doppelpfeifenspieler vom Tell Fara Nord, 10. Jh. v. Chr. Chr. Herrmann, Ägyptische Amulette aus Palästina/Israel, Freiburg/Göttingen 1994, Nr. 274

10. Fayencefigur einer Doppelpfeifenspielerin aus Ägypten, 10.-8. Jh. v. Chr. Sammlungen BIBEL+ORIENT der Universität Freiburg/Schweiz ÄFig 2000.2a Foto P. Bosshard © Stiftung BIBEL+ORIENT

11. Rollsiegel mit Doppelpfeifen- und Leierspieler vom Nebo (Jordanien), 8.-7. Jh. v. Chr. Zeichnung H. Keel-Leu © Stiftung BIBEL+ORIENT

12. Terrakottafigur eines Kamels mit Doppelpfeifenspielerin und Trommlerin aus Syrien, um 200 n. Chr. U. Winter, Frau und Göttin, Freiburg/Göttingen 1983, Abb. 512 © Stiftung BIBEL+ORIENT

13. Grabmalerei mit Doppelpfeifen- und Harfenspieler in Maresha, 2. Jh. v. Chr. O. Keel/M. Küchler, Orte und Landschaften der Bibel 2, Zürich et al. 1982, Abb. 579

"An zwölf Tagen im Jahre tönte die Flöte vor dem Altar: beim Schlachten des ersten Pessachopfers, beim Schlachten des zweiten Pessachopfers, am ersten Tag des Pessachfestes, am Wochenfest und an den acht Tagen des Laubhüttenfestes. Man blies nicht auf einer Pfeife aus Kupfer, sondern auf einer aus Rohr, weil deren Ton angenehmer ist. Der Ausklang erfolgte mit nur einer einzigen Pfeife."
Mischna, Arakhin II,3

über die Erde (8,6-10; 9,1.13; 11,15). Ansätze zu einer „Blasordnung" finden sich bereits in der Tora (Num 10,1-10).

Pfeifen

Pfeife (hebr. *chalil* oder *'ugav* – eine Zuordnung dieser Begriffe zu bestimmten Instrumententypen ist nicht möglich) ist ein Sammelbegriff für eine Reihe von Blasinstrumenten, bestehend aus einem oder zwei zylindrischen oder konischen Rohren aus Bronze, Kupfer, Schilfrohr oder Knochen. Weder aus Texten noch aus Bildern wird deutlich, ob sie wie Flöten (ohne Rohrblatt), wie Klarinetten (mit einem Rohrblatt) oder wie Oboen (mit zwei Rohrblättern) gespielt wurden. Die im Ensemble gespielte Pfeife verlieh der Musik einen ausgesprochen freudigen, ja enthusiastischen Charakter. Sie gehört daher zu den Orchestern ekstatischer Propheten (1 Sam 10,5) ebenso wie zu symposiastischen Banketten (Jes 5,12) (8).

Mehrere Pfeifen zusammen dienen dem Ausdruck überschwänglicher Freude bei großen Festprozessionen (1 Kön 1,40; Jes 30,29). Dazu passt die Konstruktion der Doppelpfeife, die es einem Einzelnen erlaubte, mehrstimmig zu spielen und dadurch diese Atmosphäre des mehrstimmigen Jubels zu erzeugen. Wie die Terrakotten

Handpauken spielender Frauen so konnten auch Votiv- und Amulettfiguren von Pfeifenspielerinnen Hingabe und Gottesfurcht zum Ausdruck bringen und hatten wohl auch einen das Böse abwehrenden Sinn (9-10). In Ägypten gehört die Doppelpfeifenspielerin zur Sphäre der ägyptischen Göttin Hathor(-Isis), der Göttin jeder Form von Lebenslust. Zusammen mit Hand- und/oder Standleiern war die Doppelpfeife Bestandteil der klassischen Tempelkapellenformation der Südlevante (11). In Jerusalem wurde zu den großen Tempelfesten (Mischna, Arakhin II,3 S. Zitat oben) auf ihr gespielt. Auch für die Hymnensänger von Qumran ist sie ein Instrument, das dem Gotteslob dient. Im syroarabischen Raum wird sie bei Prozessionen zusammen mit der Handpauke vom Kamel aus gespielt (12).

Der expressive Pfeifenklang konnte aber auch Trauergefühle ausdrücken, weshalb das Instrument ein Symbol der Klage sein konnte (Jer, 48,36) und sich auch im Kontext von Gräbern findet (13).

**DER KLANG DER VERGANGENHEIT!
SOEBEN ERSCHIENEN:**

THOMAS STAUBLI (Hg.)
Musik in biblischer Zeit
und orientalisches Musikerbe
ISBN 978-3-932203-67-1
104 S., 113 Abb., EUR 11,90

**Wie klang die Musik zur Zeit der Bibel – bei Hochzeiten, im Krieg und im Tempel?
Wie notierte man sie? Welche Musikinstrumente benutzte man?
Welches musikalische Erbe findet sich heute in Kirchen, Synagogen und Moscheen?**

ZU BESTELLEN BEI:

KATHOLISCHES BIBELWERK E.V.
Postfach 15 03 65
70076 Stuttgart
Tel. 0711/619 20-50, Fax -77
E-Mail bibelinfo@bibelwerk.de

BÜCHERTIPPS

VON WOLFGANG BAUR

DER STERN VON BETHLEHEM
Das kleine Heft fasst anschaulich und knapp historische und geistesgeschichtliche Hintergründe zusammen, die zur Darstellung der Geburt Jesu im Matthäusevangelium geführt haben können.
Johannes Neumann, Der Stern von Bethlehem, Johannes Neumann Verlag 2005, 40 S., EUR 9,90, ISBN 978-3-9801264-3-4.

WARUM FEIERN WIR WEIHNACHTEN?
An einer Fülle von Beispielen erschließen sich die Motive der Weihnachtsgeschichte von der Symbolik des Alten Testamentes her. Es ist spannend, die scheinbar so bekannten und verständlichen Texte aus dem Lukas- und Matthäusevangelium mit dieser Tiefendimension wahrzunehmen.
Christoph Dohmen, Warum feiern wir Weihnachten? Die biblischen Wurzeln des Festes, Verlag Katholisches Bibelwerk 2006, 78 S., EUR 12,90, ISBN 978-3-460-33176-1.

ÜBER DAS WUNDER DER JUNGFRAUENGEBURT
Der Neutestamentler erschließt an diesem streitbaren Thema, wie eine behutsame Auslegung sowohl dem Bibeltext gerecht werden als auch heutiger Spiritualität Impulse verleihen kann. Anhand alttestamentlicher Traditionen, jüdischer Auslegungen und Interpretationen der Kirchenväter gelangt die Untersuchung zu dem Schluss, dass die Erfahrung des Heiligen Geistes in der Gemeinschaft der Kirche die schwierige Aussage des Glaubensbekenntnisses „geboren aus dem Heiligen Geist" am besten erschließen kann.
Rudolf Pesch, Über das Wunder der Jungfrauengeburt. Ein Schlüssel zum Verstehen, Verlag Urfeld 2002, 188 S., EUR 17,90, ISBN 978-3-932857-25-6.

DIE GEBURT DES IMMANUEL
Es geht in diesem Bändchen um eine Bewertung der Bedeutung Jesu an der Schnittstelle zwischen Judentum und Christentum. Während die Juden weiterhin auf die Ankunft eines Messias warten, beschreiben die Weihnachtsgeschichten aus dem Lukas- und Matthäusevangelium Jesus aus Nazaret als den, mit dem das Reich Gottes auf dieser Erde seinen Anfang genommen hat.
Peter Stuhlmacher, Die Geburt des Immanuel. Die Weihnachtsgeschichte aus dem Lukas- und Matthäusevangelium, Vandenhoeck & Ruprecht, 2005, 105 S., EUR 14,90, ISBN 978-3-525-53535-6.

WEIHNACHTEN - EINE SPURENSUCHE
Die Wurzeln des Weihnachtsfestes liegen teilweise immer noch im Dunkeln. Religiöse und politische Motive fließen bei seiner Entstehung und Entwicklung ineinander. Wie kam es dazu, dass das ursprüngliche Festdatum am 28. März auf den 25. Dezember verlegt wurde? Das vorliegende Buch verfolgt Spuren, die deutlich machen, welche Fragen, Personen und Interessen die Feier der Geburt Jesu von der Antike bis ins Mittelalter geprägt haben.
Hans Förster, Weihnachten - eine Spurensuche, Kulturverlag Kadmos 2003, 141 S., EUR 12,80, ISBN 978-3-931659-47-9.

DER WEIHNACHTSFESTKREIS
Keine andere Zeit im Jahr ist so intensiv von Brauchtum durchzogen wie die Weihnachtszeit. Dabei hat sich auch eine reiche religiöse Tradition für die Zeit zwischen dem ersten Advent und dem 6. Januar entwickelt. Barbarazweige, Nikolausfeiern, Luzia- und Martinsumzüge, frühmorgendliche Lichtgottesdienste und vieles mehr werden knapp und anschaulich erschlossen und mit Vorschlägen für die gemeindliche Praxis fruchtbar gemacht. Der Band ist eine Fundgrube für alle, die in den Bereichen Liturgie und Gemeindearbeit tätig sind, aber auch für alle, die die Weihnachtszeit mit ihrem Symbol- und Traditionsreichtum wieder neu erleben möchten.
Franz-Rudolf Weinert, Der Weihnachtsfestkreis. Liturgie und Brauchtum, Grünewald 1993, 124 S., EUR 13,80, ISBN 978-3-7867-1713-3.

DIE FEIER DER GEBURT CHRISTI IN DER ALTEN KIRCHE

In diesem Band werden die Wurzeln des Weihnachtsfestes in verschiedenen Bereichen des Römischen Reiches detailliert beschrieben. Ein zweiter Teil der wissenschaftlichen Abhandlung widmet sich der geschichtlichen Entwicklung des Epiphaniefestes und des Weihnachtsfestes in Italien, Nordafrika und Jerusalem. Spannend sind dabei unter anderem Überlagerungen zwischen christlichen Traditionen und anderen Kulten insbesondere im Osten des Reiches.
Hans Förster, Gefeierte Geburt Christi in der Alten Kirche, Studien und Texte zu Antike und Christentum 4, Mohr Siebeck 1999, 218 S., EUR 49,00, ISBN 978-3-16-147291-6.

DEN ANFANG HÖREN

Die literaturwissenschaftliche Untersuchung erinnert daran, dass bis in die Mitte des vergangenen Jh. *„die christlichen Theologen Jesus ... entjudet, entwurzelt, verfremdet, gräzisiert, europäisiert, verdeutscht"* haben. Dagegen fordert der Autor, das Ja zum Juden Jesus durch ein Ja zu seinen jüdischen Geschwistern und deren Leseperspektive zu ergänzen. Exegese kann damit auch exemplarisch den Umgang mit dem Fremden aufzeigen. Und – entgegen fundamentalistischen Tendenzen – kann eine daraus entstehende Dialogfähigkeit für heutigen Gemeindeaufbau wesentlich werden.
Moisés Mayordomo-Marín, Den Anfang hören. Leserorientierte Evangelienexegese am Beispiel von Matthäus 1-2, Vandenhoeck & Ruprecht 1998, 448 S., EUR 56,00, ISBN 978-3-525-53864-7.

SCHON LEUCHTET DEINE KRIPPE AUF

Etwas ausführlicher als das Bändchen von Weinert (siehe S. 68) erschließt dieses Buch Liturgie und Brauchtum der Weihnachtszeit. Die Elemente werden in ihrer historischen Entwicklung und ihrer heutigen Form dargestellt. Textbeispiele aus der westlichen und orthodoxen Liturgie vermitteln die theologischen Inhalte, die mit den verschiedenen Feiern in der Weihnachtszeit verbunden sind.
Theodor Maas-Ewerd, Schon leuchtet deine Krippe auf. Die Feier der Geburt Jesu Christi und der weihnachtliche Festkreis in Liturgie und Brauchtum, EOS-Verlag 2000, 428 S., EUR 14,50, ISBN 9783-3-8306-7013-1.

DIE MAGIER VOM OSTEN UND DER STERN

Die Dissertation untersucht Magier- und Sterngeschichten in frühchristlicher und patristischer Literatur bis zum 4. Jh. n. Chr. und stellt diese Traditionen der biblischen Literatur und zeitgenössischen Quellen gegenüber. Astronomische, astrologische und theologische Hintergründe der Aussagen und Typologien in den Biografien großer Gestalten werfen auch ein Licht auf die Gedanken- und Sprachwelt, der sich die Beschreibung der Geburt Jesu im Matthäusevangelium verdankt.
Thomas Holtmann, Die Magier vom Osten und der Stern. Matthäus 2,1-12, N. G. Elwert Verlag 2005, 294 S., EUR 32,–, ISBN 978-3-374-02553-4.

HUREN, HELDEN, HEILIGE

Prominente Autorinnen und Autoren aus Politik, Medien, Kultur und Kirche erzählen von biblischen Gestalten, die ihnen wichtig geworden sind. Neben mancherlei alttestamentlichen Figuren tauchen auch zahlreiche neutestamentliche Lebensbeispiele auf, angeführt von Josef von Nazaret – dem Mann an Marias Seite.
Stefan Dorgerloh u. a. (Hg.), Huren, Helden, Heilige. Biblische Porträts aus prominenter Feder, Gütersloher Verlagshaus 2004, 192 S., EUR 6,95, ISBN 978-3-579-06504-5.

SCHADET DIE BIBELWISSENSCHAFT DEM GLAUBEN?

In zunehmendem Maße grenzen sich Befürworter und Gegner der modernen Bibelwissenschaft voneinander ab. Das Buch zeigt Ursachen des Konflikts und Wege der Annäherung auf. Im Mittelpunkt stehen Sachfragen, zum Beispiel die nach dem Verhältnis zwischen Gott und der Bibel. Darüber hinaus kommen auch psychologische und biografische Aspekte des Konflikts zur Sprache.
Siegfried Zimmer, Schadet die Bibelwissenschaft dem Glauben? Klärung eines Konflikts, Vandenhoek & Ruprecht 2007, 203 S., EUR 19,90, ISBN 978-3-525-57306-8.

HINWEIS

Alle lieferbaren Bücher können Sie bestellen bei der:
Versandbuchhandlung Verlag Katholisches Bibelwerk
Tel. 0711-6 19 20 37 - Fax 0711-6 19 20 30
versandbuchhandlung@bibelwerk.de - **www.bibelwerk.de**

AUSSTELLUNGEN UND VERANSTALTUNGEN

HAMBURG
Dionysos umringt von Mänaden und Satyrn. Lukanische Halsamphora des Aphrodite-Malers aus einem Grab in Paestum, um 340-330 v. Chr.
© Bucerius Kunst Forum, Foto: Christoph Irrgang, Hamburg

HAMBURG
13. Oktober 2007 bis 20. Januar 2008
Malerei für die Ewigkeit. Die Gräber von Paestum

Paestum mit seinen drei großen dorischen Tempeln bewahrt einen der größten Schätze antiker Freskomalerei. Diese Platten aus dem 4. Jh. v. Chr. zeigen Krieger, Kampfszenen, Sport- und Wettkämpfe sowie Bestattungsriten. Das Museo Archeologico Nazionale di Paestum stellt 40 bemalte Grabplatten für die Ausstellung zur Verfügung, darunter neun vollständig erhaltene Gräber, die zum ersten Mal wieder aufgebaut werden, dazu kostbare Vasen und Grabbeigaben.
Ein zweiter Teil der Ausstellung widmet sich der Darstellung der Tempel in den bildenden Künsten von 1750 bis 1850, die seit Mitte des 18. Jh. zum europäischen Bildungsgut avancierten.
Täglich 11-19 Uhr, Do bis 21 Uhr, Eintritt EUR 5/3/2,50
Bucerius Kunst Forum, Rathausmarkt 2, 20095 Hamburg
Tel. 040-36 09 96 0, www.buceriuskunstforum.de

MANNHEIM
Bis 24. März 2008
Mumien – Der Traum vom Leben

Die Ausstellung versteht sich als kultur- und naturgeschichtliche Gesamtschau. Über 60 Mumien aus allen Kontinenten und allen Jahrtausenden beweisen, dass Mumifizierung ein welt- und zeitumspannendes Phänomen ist. Untergliedert nach Kontinenten und Regionen lernt der Besucher Mumifizierungspraktiken unterschiedlicher Völker sowie zugrunde liegende, meist religiös motivierte Geisteshaltungen kennen. In Europa erwachte das Interesse am Heilmittel Mumia, einem Wachs, das man auch in Mumien vermutete, erst im 16./17. Jh. Unzählige Mumien wurden aus Ägypten nach Europa gebracht, um den Nachschub an Mumia sicherzustellen. Doch ist der Traum von „Unsterblichkeit" aktueller denn je. Als Möglichkeit, sich für die Ewigkeit konservieren zu lassen, wird die Kryonik, ein Einfrieren in flüssigem Stickstoff, vorgestellt.
Di-So 11-18 Uhr, Eintritt EUR 10/5/3
Reiss-Engelhorn-Museen, Zeughaus, C5, 68159 Mannheim
Tel. 0621-293 31 50
www.rem-mannheim.de

STUTTGART
Bis 24. März 2008
Ägyptische Mumien – Unsterblichkeit im Land der Pharaonen

Mehr als 350 Objekte aus europäischen Museen stellen das über 4000 Jahre lang ausgeübte Mumifizierungswesen der alten Ägypter dar. Moderne naturwissenschaftliche Untersuchungen helfen beim Verstehen der Balsamierungstechniken. Ein weiterer Schwerpunkt liegt auf den Tiermumien. Da die ägyptischen Götter auch in Tiergestalt verehrt wurden, mumifizierten die alten Ägypter auch Katzen, Ibisse, Falken oder Krokodile. Außerdem tritt das altägyptische Totengericht in das Diesseits: Theaterstudierende schlüpfen als ägyptische Götterboten in die Rollen von Osiris, Isis, Anubis und Thot. Die Ausstellung will insbesondere für Familien und Kinder ein Ort attraktiver Freizeitgestaltung sein.
Di-So 10-18 Uhr, Do 10-21 Uhr, Eintritt EUR 10/7,
Landesmuseum Württemberg im Alten Schloss,
Schillerplatz 6, 70173 Stuttgart
Tel. 0711-279 3498
www.mumien-stuttgart.de

BONN
Bis 27. Januar 2008
Ägyptens versunkene Schätze

Nähere Informationen s. WUB 3/07
Di/Mi 10-21 Uhr, Do-So 10-19 Uhr, Eintritt EUR 12/7,
Kunst- und Ausstellungshalle der Bundesrepublik Deutschland,
Museumsmeile Bonn, Friedrich-Ebert-Allee 4, 53113 Bonn
Tel. 0228-9171-0, www.kah-bonn.de

MÜNCHEN
26. Oktober 2007 bis 27. Januar 2008
Im Zeichen des Goldenen Greifen. Königsgräber der Skythen

Nähere Informationen s. WUB 3/07
Täglich 10-20 Uhr, Eintritt EUR 10/8
Hypo-Kunsthalle, Theatinerstraße 8, 80333 München
Tel. 089-22 44 12, www.hypo-kunsthalle.de
Danach wandert die Ausstellung nach Hamburg:
Hamburg, Museum für Kunst und Gewerbe: 15.2.-25.5.2008

MANNHEIM
Mumifizierte Hand einer asiatischen Mumie, Reiss-Engelhorn-Museen
© rem, Foto: Wilfried Rosendahl

STUTTGART
Ganz links:
Eine Restauratorin bearbeitet das Perlennetz (2. Hälfte 1. Jt. v. Chr.) aus El-Hibe.
© Landesmuseum Württemberg
Foto: P. Frankenstein/H. Zwietasch

Links: Ein Theaterspieler tritt als Thot auf, Schutzgott der Schreiber und Wissenschaften. © Landesmuseum Württemberg, Foto: P. Frankenstein/H. Zwietasch

TRIER
Bis 4. November 2007
Konstantin der Große
Nähere Informationen s. WUB 3/07
*Täglich 8-18 Uhr, Eintritt EUR 12/10/8/6/1
Rheinisches Landesmuseun Trier, Stadtmuseum Simeonstift,
Bischöfliches Dom- und Diözesanmuseum,
Tel. 0651-201 707-0, www.konstantin-ausstellung.de*

HALTERN AM SEE / BREMEN
Bis 25. November 2007
Luxus und Dekadenz. Römisches Leben am Golf von Neapel
„Luxus braucht Bewunderer und Mitwisser", beschreibt Seneca den Prunk seiner Zeitgenossen im Imperium Romanum. Die Ausstellung präsentiert archäologische Luxusobjekte – u. a. einem Privatbad mit raffinierter Technik – und Kunstwerke, aber auch die Schattenseiten des ausschweifenden Lebensstils – wie Sklaverei und Gladiatorenkämpfe. Zitate antiker Autoren kommentieren die Dekadenz einer Oberschicht, die sich in ihrem Statusdenken immer weniger an die traditionellen römischen Werte hielt. Ihre teils sachlich, teils spöttisch vorgetragene Kritik lenkt den Blick hinter die luxuriöse Fassade. Großflächige Projektionen und computergenerierte 3-D-Filme animieren den Luxus vor 2000 Jahren.
*Di-Fr 9-17 Uhr, Sa-So 10-18 Uhr, Eintritt EUR 3/1,50
LWL-Römermuseum, Weseler Str. 100, 45721 Haltern am See
Tel. 02364-9376-0*
15. Dezember 2007 bis 8. Juni 2008
*Focke-Museum Bremen
Di 10-21 Uhr, Mi-So 10-17 Uhr, Eintritt EUR 6/3
Schwachhauser Heerstr. 240, 28213 Bremen
Tel. 0421-699 600 0, www.luxus-ausstellung.de*
Weitere Ausstellungsdaten:
23.8.2008 bis 4.1.2009: Museum Het Valkof Nijmegen
6.2. bis 30.8.2009: Archäologische Staatssammlung München

BONN
Bis 6. Januar 2008
Krieg und Frieden. Kelten – Römer – Germanen
Die Römer stoßen um die Zeitenwende auf unterschiedlichste Völker: Treverer, Sunucer, Eburonen, Ubier, Tenkterer und viele andere. Welche kulturellen Verhältnisse herrschten zwischen Mittelrhein und südlichen Niederlanden vor der römischen Eroberung? Wie verläuft der Vormarsch? Mit welchen Mitteln gelingt es Rom, sich zu behaupten? Und wie reagieren die verschiedenen Völker auf die römische Herrschaft?
*Di-So 10-18 Uhr, Mi 10-21 Uhr,
Eintritt EUR 7/5/3,
Rheinisches Landesmuseum Bonn,
Colmantstr. 14-16, 53115 Bonn, Tel. 0228-20700,
www.kriegundfrieden.lvr.de*

BONN
Bis 3. Februar 2008
Kleopatras Ägypten – Griechen und Römer am Nil
Die Ausstellung widmet sich der Epoche der ptolemäischen und römischen Herrschaft, in der sich traditionell ägyptische Vorstellungen mit griechischen und später römischen vermischen. Jahrtausendealte ägyptische Götter werden von den neuen Machthabern übernommen oder mit eigenen Gottheiten gleichgesetzt, zeitgleich entstehen durch die Vermischung auch ganz neue Götter wie Sarapis. Nach altägyptischer Tradition werden die ptolemäischen Könige und römischen Kaiser als göttlich angesehen. Von besonderer Bedeutung waren Kulte, bei denen die mit Göttern assoziierten Tiere in großer Anzahl im Tempel gehalten und nach ihrem Tod auf großen Friedhofsanlagen bestattet wurden.
*Di-So 12-18 Uhr, Eintritt EUR 3,50/2,50
Ägyptisches Museum der Universität Bonn, Regina-Pacis-Weg 7,
Tel. 0228-73 97 10, www.aegyptisches-museum.uni-bonn.de*

JORDANIEN: Archäologie praktisch
17. März bis 2. April 2008
Ausgrabungsreise mit Prof. Dr. Dr. Dieter Vieweger, Wuppertal/Jerusalem zum Tall Zira'a/Jordanien
Die Reise bietet die Möglichkeit, aktiv unter fachkundiger Leitung an einer Ausgrabung teilzunehmen. Der Ausgrabungsort, der Siedlungshügel Tall Zira'a, liegt im Dreiländereck Jordanien-Syrien-Israel und war über 5000 Jahre einer der bedeutendsten Siedlungsorte Palästinas.
*Information: Elisabeth Bremekamp,
Thomas-Morus-Akademie Bensberg, Overather Straße 51,
51429 Bergisch Gladbach,
Telefon 0 22 04-40 84 72,
E-Mail bremekamp@tma-bensberg.de*

Für Schnellentschlossene
WIEN
5.11. bis 7.11.2007
**12. Internationale Tagung
„Kulturelles Erbe und Neue Technologien"
Workshop „Archäologie und Computer"**
Zugelassen ist jeder, der an diesem Gebiet Interesse hat. Die meisten Vorträge und Workshops finden in englicher Sprache statt. Veranstalter: Magistrat der Stadt Wien, MA 7 - Referat Stadtarchäologie. Ansprechpartner: Mag. Wolfgang Börner, Tel. (+43 1) 4000-81176
kongrarchae@m07.magwien.gv.at
Informationen und Programm: www.stadtarchaeologie.at
Die Anmeldung ist auch vor Ort noch möglich.

HALTERN AM SEE / BREMEN
Wandmalerei eines luxuriösen Gastmahls, Pompeji.
Fotograf: Jochen Hähnel/terz advertising, Berlin

Januar 2008 in Welt und Umwelt der Bibel

Die nächste Ausgabe:

Gott und das Geld

- Der Ursprung des Geldes in der Alten Welt
- Die Herrschaft des Geldes: Zöllner, Steuern, Schuldknechtschaft
- Der Dinar des Kaisers: Münzen zur Zeit Jesu
- Judas und die dreißig Silberlinge

MEHR BIBEL?

Entdecken Sie unsere Zeitschriften „Bibel heute" und „Bibel und Kirche"

DAS THOMASEVANGELIUM

- Der Fund im Wüstensand
- Was steht im Thomasevangelium?
- Neues vom historischen Jesus?

DIE NÄCHSTEN THEMEN:
- Die Bergpredigt
- Josef – Vater Jesu

www.bibelheute.de

EVANGELIEN ALS ERZÄHLWERKE

- Die vier Evangelien: ihre Erzählweisen und Eigenheiten
- Die Tiefgründigkeit ihrer Verfasser

DIE NÄCHSTEN THEMEN:
- Exodus
- Gott ahnen – Gotteserfahrungen auf der Spur

www.bibelundkirche.de

Bestellen Sie ein kostenloses Probe-Exemplar. Einzelheft Euro 6,-

Informationen und Bestellungen:

Katholisches Bibelwerk e.V.
Postfach 15 03 65, 70076 Stuttgart
Tel. 0711-619 20-50 / Fax -77
bibelinfo@bibelwerk.de
www.bibelwerk.de

Welt und Umwelt der Bibel
Archäologie – Kunst – Geschichte

Die Zeitschrift zum Verständnis der biblischen Welt

2/96
Die Schöpfung
+ Textheft der Schöpfungserzählungen

1/97
Damaskus
Drehscheibe des Orients

2/97
Das Heilige Land
Orte Palästinas
+ Karte

1/98
Jordanien
Heiliges Land am östlichen Ufer

2/98
Rom und die Bibel
Ort der frühen Christen

3/98
Qumran
Die Rollen vom Toten Meer

4/98: Jesus: Quellen – Gerüchte – Fakten
Was wissen wir von Jesus?

1/99
Gott und die Götter
Das Rätsel des Monotheismus

2/99
Persien
Das erste Weltreich

3/99
Der Tempel von Jerusalem
+ DIN A2-Faltplan

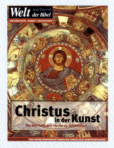
4/99
Christus in der Kunst (1)
Von den Anfängen bis ins 15. Jh.

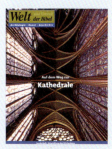
Sonderheft 2000
Auf dem Weg zur Kathedrale
Die Entwicklung des Kirchenbaus

1/2000
Der Koran und die Bibel
Heilige Schriften mit Geschichte

2/2000
Faszination Jerusalem
Porträt einer beeindruckenden Stadt

3/2000
Die Zehn Gebote
Jahrtausendealte Weisungen zum Menschsein

4/2000
Christus in der Kunst (2)
Von der Renaissance bis in die Gegenwart

1/01
Petra
Geheimnisvolle Stadt der Nabatäer

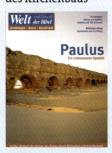
2/01
Paulus
Ein unbequemer Apostel

3/01
Liebe und Eros zur Zeit der Bibel
Liebeslyrik zwischen Mesopotamien und Ägypten

4/01
Echnaton und Nofretete
Pharaonen des Lichts

1/02
Ugarit
Stadt des Mythos

2/02
Jesus der Galiläer
Die Umwelt der ersten Jüngerinnen und Jünger

3/02
Isis, Zeus und Christus
Die heidnischen Götter und das Christentum

4/02
Himmel
Wohnung der Götter – seit Jahrtausenden

Sonderheft 2002
Entlang der Seidenstraße
Das Christentum auf dem Weg nach Osten

1/03
Sterben und Auferstehen
Todes- und Jenseitsvorstellungen in der Welt der Bibel

2/03
Wer hat die Bibel geschrieben?
Menschen und Ereignisse rund um die Entstehung des Buches der Bücher

3/03
Die Kreuzzüge
Blutgetränkte Pilgerfahrt in den Orient

4/03
Abraham
Symbolfigur für Juden, Christen und Muslime

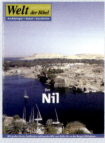
1/04
Der Nil
Kultur und Religion entlang des Stromes
+ Karte: Der Nil und seine Heiligtümer

2/04
Flavius Josephus
Geschichtsschreiber zur Zeit Jesu

3/04
Der Jakobsweg
Pilgern nach Santiago de Compostela

4/04
Prophetie und Visionen
Zwischen Gegenwart und Zukunft

1/05
Von Jesus zu Muhammad
Ausbreitung des arabisch-islamischen Reichs

2/05
Religionen im antiken Syrien
Von den Aramäern bis zu den Römern

3/05
Babylon
Stadt zwischen Himmel und Erde

4/05
Juden und Christen
Geschichte einer Trennung

Sonderheft 2006
Petrus, Paulus und die Päpste

1/06
Athen
Von Sokrates zu Paulus

2/06
Ostern und Pessach
Feste der Befreiung

3/06
Mose
Mittler zwischen Gott und Mensch

4/06
Auf den Spuren Jesu (1)
Von Galiläa nach Judäa

1/07
Heiliger Krieg in der Bibel?
Die Makkabäer

2/07
Auf den Spuren Jesu (2)
Jerusalem

3/07
Verborgene Evangelien
Jesus in den Apokryphen

4/07
Weihnachten
Hintergründe einer heiligen Nacht

Kommende Themen 2008:

1/08
Gott und das Geld

2/08
Maria Magdalena

3/08
Die Landnahme

1/08
Gott und das Geld

Archiv und Inhaltsverzeichnisse aller Ausgaben: www.weltundumweltderbibel.de

Pläne – Karten – Sonderdrucke

Reliefkarte „Die Altstadt von Jerusalem"
84 x 59 cm, € 3,- (ab 5 Ex. € 2,50)

Die Reisen des Paulus durch Kleinasien und Griechenland
Sonderdruck aus „Welt und Umwelt der Bibel" 2/01, 24 S. € 4,- (ab 5 Ex. € 3,-, ab 10 Ex. € 2,50, ab 20 Ex. € 2,-)

Landkarte „Das Heilige Land"
28 x 60 cm, € 1,- (ab 5 Ex. € -,50)

Poster „Die Überlieferung der Bibel"
A2, € 2,- (ab 5 Ex. € 1,50)

Satellitenaufnahme „Orte am See Gennesaret"
A2, € 2,- (ab 5 Ex. € 1,50)

Stadtplan „Paulus und das antike Korinth" + Begleitheft
A0, € 5,90 (ab 5 Ex. € 5,-)

Faltplan „Der Tempel von Jerusalem"
A2, € 2,- (ab 5 Ex. € 1,50)

Einzelheft- und Kartenbestellungen
Tel: 07 11/6 19 20 54   Fax: 07 11/6 19 20 77   E-Mail: bibelinfo@bibelwerk.de

- Schöpfung 2/96
- Damaskus 1/97
- Das Heilige Land 2/97
- Jordanien 1/98
- Rom und die Bibel 2/98
- Qumran 3/98
- Jesus: Quellen ... 4/98
- Gott und die Götter 1/99
- Weltreich: Persien 2/99
- Tempel von Jerusalem 3/99
- Christus in der Kunst (1) 4/99 Von den Anfängen bis ins 15. Jh.
- Auf dem Weg zur Kathedrale Sonderheft 2000
- Der Koran und die Bibel 1/2000
- Faszination Jerusalem 2/2000
- Die Zehn Gebote 3/2000
- Christus in der Kunst (2) 4/2000 V. d. Renaissance bis in d. Gegenwart
- Petra. Stadt der Nabatäer 1/01

- Paulus 2/01
- Liebe und Eros 3/01
- Echnaton und Nofretete 4/01
- Ugarit – Stadt des Mythos 1/02
- Jesus der Galiläer 2/02
- Isis, Zeus und Christus 3/02
- Himmel 4/02
- Entlang der Seidenstraße Sonderheft 2002
- Sterben und Auferstehen 1/03
- Wer hat die Bibel geschrieben 2/03
- Die Kreuzzüge 3/03
- Abraham 4/03
- Der Nil 1/04
- Flavius Josephus 2/04
- Der Jakobsweg 3/04
- Prophetie und Visionen 4/04
- Von Jesus zu Muhammad 1/05
- Religionen im antiken Syrien 2/05

- Babylon 3/05
- Juden und Christen 4/05
- Petrus, Paulus und die Päpste Sonderheft 2006
- Athen 1/06
- Pessach und Ostern 2/06
- Mose 3/06
- Auf den Spuren Jesu (1) 4/06 Von Galiläa nach Judäa
- Heiliger Krieg in der Bibel? 1/07
- Auf den Spuren Jesu (2) 2/07 Jerusalem
- Verborgene Evangelien 3/07
- **Weihnachten 4/07**
- Gott und das Geld 1/08

Einzelheft € 9,80 (für Abonnenten € 7,50), ab 5 Hefte je € 8,-, ab 10 Hefte je € 7,-, ab 20 Hefte je € 6,50,-

Unser Sonderdruck aus Heft 2/2001
Die Reisen des Paulus (24 Seiten)
Einzelpreis € 4,-   ab 10 Ex. € 2,50
ab 5 Ex. € 3,-   ab 20 Ex. € 2,-

Unsere Faltpläne
- See Gennesaret Satellitenaufnahme (A2) € 2,-
- Altstadt Jerusalem (A2) € 3,-
- Tempel von Jerusalem (A2) € 2,-
- Das Heilige Land € 1,-
- **Kartenset: Alle 4 Karten für nur € 5,-**
- Das antike Korinth (A0) + Begleitheft € 5,90
- Übersichtsposter (Beilage aus Heft 2/03) Die Überlieferung der Bibel (A2) € 2,-
- Faltplan „Der Nil" € 2,-

ab Bestellung von € 50,- portofrei!
(nur bei Best. innerhalb Deutschlands)

Datum _____ Unterschrift _____

Abonnement – Geschenkabonnement
Tel: 07 11/6 19 20 54   Fax: 07 11/6 19 20 77   E-Mail: bibelinfo@bibelwerk.de

Abonnement
Bitte senden Sie mir **„Welt und Umwelt der Bibel"** ab sofort bzw. ab Heft ____
Der Jahresbezugspreis beträgt € 34,- (Schüler/Studenten € 26,-), inkl. Versandkosten.
Bei Versand ins Ausland entstehen Portomehrkosten von € 4,- im Jahr.
(Bestellungen aus der Schweiz und Österreich s. Rückseite)

Geschenkabonnement
Bitte senden Sie „Welt und Umwelt der Bibel" ab sofort bzw. ab Heft ____
für 1 Jahr ____ bis auf weiteres an folgende Adresse (Rechnung geht an Absender):

Name, Vorname: _____
Straße, Hausnummer _____
PLZ, Ort _____
Unterschrift _____

Ihr Begrüßungsgeschenk
Bei Neuabonnenten/innen bedanken wir uns mit diesem hochwertigen Sonderdruck.
Satellitenkarte Heiliges Land, Hochglanz, 140 x 49 cm, mit Metallleiste zum Aufhängen.
Nur für Bestellungen innerhalb Deutschlands.

www.weltundumweltderbibel.de

Die Zeitschrift zum Verständnis der biblischen Welt

Welt und Umwelt der Bibel
- informiert über Hintergründe zum Hauptthema
- beleuchtet die religionsgeschichtlichen und archäologischen Umstände der biblischen Texte
- entführt in die Kunstgeschichte
- jedes Heft hat mindestens 72 Seiten

Welt und Umwelt der Bibel
- berichtet über aktuelle archäologische Ausgrabungen
- ermöglicht Einblicke ins Alltagsleben in biblischer Zeit
- weist auf aktuelle Ausstellungen und Veranstaltungen hin
- versorgt mit Internetlinks, Buchtipps und Kartenmaterial

Welt und Umwelt der Bibel
- erscheint vierteljährlich
- entsteht unter Mitarbeit renommierter Wissenschaftler/innen: Neu- und Alttestamentlern, Judaisten, Islamwissenschaftlern, Archäologen, Kunsthistorikern ...
- ist verlässlich, seriös, ökumenisch und interdisziplinär

Tel: 0711 - 6 19 20 54   **Fax:** 0711 - 6 19 20 77   **E-Mail:** bibelinfo@bibelwerk.de

---

Bestellungen aus der Schweiz und Österreich bitte an folgende Adressen:

Schweiz: Bibelpastorale Arbeitsstelle des SKB, Bederstr. 76, CH-8002 Zürich,
Tel.: 044/2059960, Fax: 044/2014307
E-mail: info@bibelwerk.ch
Preise: Einzelheft sFr 19.- zzgl. Versandkosten,
Jahresabonnement sFr 70.- inkl. Versandkosten

Österreich: Österreichisches Katholisches Bibelwerk, Stiftsplatz 8, A-3400 Klosterneuburg,
Tel.: 02243/32938, Fax: 02243/3293839
E-Mail: zeitschriften@bibelwerk.at
Preise: Einzelheft € 11,30 zzgl. Versandkosten,
Jahresabonnement € 36,- (erm. -25%) zzgl. Versandkosten

Absender:

_____
Name, Vorname

_____
Straße, Hausnummer

_____
PLZ, Ort

_____
Kundennummer (falls bekannt)

Bitte freimachen, falls Marke zur Hand

Antwort
Edition „Welt und Umwelt der Bibel"
Katholisches Bibelwerk e.V.
Postfach 15 03 65
70076 Stuttgart

Einzelhefte

Bestellungen aus der Schweiz und Österreich bitte an folgende Adressen:

Schweiz: Bibelpastorale Arbeitsstelle des SKB, Bederstr. 76, CH-8002 Zürich,
Tel.: 044/2059960, Fax: 044/2014307
E-Mail: info@bibelwerk.ch
Preise: Einzelheft sFr 19.- zzgl. Versandkosten,
Jahresabonnement sFr 70.- inkl. Versandkosten

Österreich: Österreichisches Katholisches Bibelwerk, Stiftsplatz 8, A-3400 Klosterneuburg,
Tel.: 02243/32938, Fax: 02243/3293839
E-Mail: zeitschriften@bibelwerk.at
Preise: Einzelheft € 11,30 zzgl. Versandkosten,
Jahresabonnement € 36,- (erm. -25%) zzgl. Versandkosten

Absender:

_____
Name, Vorname

_____
Straße, Hausnummer

_____
PLZ, Ort

_____
Kundennummer (falls bekannt)

Bitte freimachen, falls Marke zur Hand

Antwort
Edition „Welt und Umwelt der Bibel"
Katholisches Bibelwerk e.V.
Postfach 15 03 65
70076 Stuttgart

Abonnement